작은 씨앗으로 틔우는
위대한 일상 길잡이

밭고랑

밭고랑

2024년 10월 28일 서울대교구 교회 인가
2025년 1월 16일 초판 1쇄 발행

지은이	호세마리아 에스크리바
옮긴이	박영 이레네
디자인	정해인
펴낸이	박영 이레네
펴낸곳	세인트힐

04312 효창원로72길 42
등록　제 2023-58호 2023년 6월 13일
전화　070) 8841-2675

ⓒ 세인트힐 2024
성경 ⓒ 한국천주교중앙협의회 2024

값 21,000원

통신판매　010-3930-2675 pubsainthill@gmail.com
ISBN　979-11-984872-2-3

Surco
by Josemaría Escrivá de Balaguer
ⓒ Studium Foundation

작은 씨앗으로 틔우는 위대한 일상 길잡이

밭고랑

호세마리아 에스크리바 지음

박영 이레네 옮김

세인트힐

목차

저자 소개 —— 6
번역자의 글 —— 7
서문 —— 8

관대함 —— 9
시선 의식 —— 18
기쁨 —— 23
담대함 —— 35
투쟁 —— 42
사람 낚는 어부 —— 59
고난 —— 73

겸손	79
시민권	88
성실	97
충성	101
질서	109
성격	120
기도	127
일	137
천박함	150
자연스러움	155
진실함	159
야망	169
위선	175
내적 생활	179
교만	192
우정	200
의지	211
마음	218
순결	228
평화	233
저승	240
혀	246
전파	253
책임	258
보속	267

저자 소개

호세마리아 에스크리바(Josemaría Escrivá) 성인은 1902년 1월 9일 스페인 북부 바르바스트로에서 태어났다. 그가 16세 되던 겨울의 어느 날, 눈밭 위에 한 수도자가 남긴 맨발자국을 목격하고 하느님께서 그에게 무엇인가를 원하신다는 것을 느끼기 시작하였다. 사제가 되면 하느님의 뜻을 더 쉽게 따를 수 있을 것이라는 일념으로 그는 사제가 되기로 결심하였고, 여러모로 어려움을 극복한 후 1925년 3월 28일 사제서품을 받았다. 1928년 10월 2일 마드리드에서 피정을 하던 중, 하느님께서 그때까지 암시하셨던 그 무엇을 명확히 보여주시며 오푸스데이(Opus Dei)가 창설되었다. 그날부터 삶의 마지막 순간까지 그는 평신도들 사이에서 일상생활의 성화를 추구하는 오푸스데이 정신의 전파에 전념하였다. 1946년부터 로마에 거처하던 그는 1975년 6월 26일 그의 마지막 눈길을 집무실 벽에 걸린 성모 마리아 성화에 보내며 갑자기 선종하였다. 오푸스데이는 당시 세계 각국으로 퍼져 나가 80여 개국에 6만여명의 회원을 두고 있었고, 지금도 호세마리아 성인의 뜻에 따라 교황님, 그리고 주교단과 혼연일체가 되어 교회에 헌신하고 있다. 교황 요한 바오로 2세 성인은 2002년 10월 6일 로마에서 이 오푸스데이의 설립자를 시성 하였다. 성인은 로마 Viale Bruno Buozzi 75번지 평화의 모후 성당에 안치되어 있다.

번역자의 글

호세마리아 에스크리바 성인의 명작인 <길>에 이어 그의 두번째 묵상집인 <밭고랑>을 한국어로 새롭게 번역하여 한글 독자에게 소개할 수 있어 참으로 기쁘다. 이미 1950년에 성인이 <길> 독자들에게 약속했던 이 저서는 그가 선종한 이후 1986년에 발간되었고, 10년이 지난 1996년 한국어로도 출판되었다. 이번 번역은 독해에 초점을 맞춘 그 첫 번역본에 비해, 직설적이고 인상적이며 긴 설명 없이 생각을 툭툭 던지면서 정곡을 찌르는 듯한 원본의 본래 스타일을 온전히 전하려 했다. 따라서 번역할 때, 저자가 주로 사용한 구어체와 문답체의 느낌을 살리고, 원본에 흔히 표기된 불가타 성경 원문과 그 외의 라틴어도 그대로 표기하고, 성인이 그 내용을 번역하고 사용하는 자유로운 방식을 존중하려 했다. 또한 독해에 꼭 필요하다고 판단한 경우 라틴어의 정확한 번역을 각주에 덧붙이고 본문에는 성인의 글을 그대로 남겼다. 이런 출간 의도때문에 글의 이해가 조금 힘들다면, 이는 스페인어와 한국어의 색채 차이를 극복하기에 조금 부족한 번역자의 능력 때문이니 널리 이해해주기를 부탁드린다. 마지막으로 이 글이 나올 수 있도록 도움을 준 많은 이들, 특히 기은숙, 허수경, 여주예, 오수현에게 감사의 마음을 전한다.

박영 이레네

서문

친애하는 독자여,
내가 그대 영혼을 이끌어
인간의 여러 가지 덕을 바라보게 하도록
허락해 주길 부탁한다.
은총은 본성을 바탕으로 작용하기 때문이다.
만약 이 글들이 인간적으로만 비친다면,
한 사제가 그대와 자신을 위해
하느님 앞에서 쓰고 실천한 내용들임을
잊지 말아 달라.
우리가 이 책에서 감명을 받아
스스로를 개선하고 행동하여,
삶에서 깊고 비옥한 고랑을 남기기를
마음으로 바라며
주님께 청한다.

관대함

1. 세상 곳곳에서 구원이 이뤄질 것이며 누군지 모를 자들이 그리스도와 함께 이에 공헌할 것이라고 확신하는 그리스도인들이 많다. 그들은 이것이 수백 년, 수많은 세기에 이뤄지리라고 생각하는데 그들의 자기 봉헌 정도에 달렸다면 구원은 영원토록 이뤄지지 못할 것이다.
그대도 이렇게 생각했다. 누군가가 그대의 눈을 뜨게 해주기 전까지는.

2. 희생과 기쁨과 사랑의 여정, 하느님과 일치의 여정에서 첫걸음은 자기 봉헌이다. 그러면 인생 전체가 인간 논리로는 부정 고난 아픔만이 있는 곳에서 행복을 찾는 거룩한 광기로 가득해진다.

3. "제가 관대해지고 개선되고 변화되어, 언젠가 뭔가에 쓸모 있도록 기도해 주십시오."
좋다. 하지만 이런 결심이 효과를 내도록 무엇을 하고 있느냐?

4. 그대는 종종 궁금해한다. 어릴 때부터 예수님을 알아 온 큰 행운을 지닌 이들이 왜 생명 가족 꿈, 즉 자신이 가진 최고의

것으로 응답하기를 주저할까.

보라. 눈이 멀쩡한 사람은 자신이 볼 수 있어서 감사를 드려야겠다는 생각을 못 한다. 반면 그대는 눈먼 사람이 갑자기 보게 되는 경우처럼 모든 것을 한 번에 받았기에, 주님께 깊은 감사를 느껴야 한다.

하지만 그것으로 충분하지 않다. 그대는 매일 주위 사람들이 하느님의 자녀인 자신의 신분에 감사하며 살도록 도와야 한다. 그러지 못한다면 그대는 감사함을 느끼지 않는 것이다.

5   이 점을 천천히 묵상하라. 내가 받은 것에 비하면 내게서 기대되는 것은 아무것도 아니다.

6   좀처럼 시작하려 하지 않는 그대에게: 한 형제가 내게 보낸 이 글을 새겨보라. "힘들지만 막상 결심할 때, 안전하게 길에 들어섰다는 그 행복의 안도감이란!"

7   "제 인생에서 요즘이 가장 행복합니다."라고 그대가 말했을 때, 나는 주저 없이 대답했다. "그것은 평소보다 좀 더 너 자신을 내어주며 살았기 때문이다."

8   주님의 부르심, 곧 성소는 언제나 이런 식으로 제시된다. "누구든지 내 뒤를 따라오려면, 자신을 버리고 날마다 제 십자

가를 지고 나를 따라야 한다."¹

그렇다. 부르심은 자기 부정, 즉 희생을 요구한다. 하지만 이 희생이 온전하다면, "gaudium cum pace", 곧 평화와 기쁨을 동반하고 즐겁기 짝이 없다.

9   그는 직접 헌신하라는 초대를 받았을 때 이런 논리로 반응했다. "그 경우, 난 이것을 할 수 있을 것이고 저것을 해야 할 것이고…."
그에게 주어진 답변은 이러했다. "우리는 주님과 흥정하지 않는다. 하느님의 법, 주님의 초대는 있는 그대로 받아들이거나 거부하는 것이다. 결정해야 한다. 씩씩하게 조건 없이 앞으로 나아가던지, 떠나던지. 'Qui non est mecum…' '내 편에 서지 않는 자는 나를 반대하는 자다.'²"

10   관대함의 부족에서 미지근함까지 한 발 차이밖에 없다.

11   이 비겁함의 예를 그대가 본받지 않도록, 나는 편지에서 베껴 쓴다. "물론 제게 많은 기도가 필요하기 때문에, 기억해 주셔서 대단히 감사합니다. 그러나 주님께 저를 '사도'로 만들어 달라고 청하실 때, 제 자유의 포기를 요구하라고 빌지 않으시면 감사하겠습니다."

---

1   루카 9,23.
2   루카 11,23.

12   편하게 살고 매우 똑똑하고 좋은 사람인 그대의 지인은, "법을 준수하되 가능한 한 가볍게, 선을 넘지 않고 적당히 준수해라."라고 말하곤 했다. 그리고 "죄를 짓는 것은 안 되지만 자신을 바쳐서도 안 된다."라고 덧붙이기도 했다.
고귀한 이상을 위해 자신을 희생하고 헌신할 줄 모르는 인색한, 계산적인 사람들은 참으로 보기에 안타깝다.

13   그대는 자신을 더 많이 내줄 수 있고 더 많이 내줘야 하므로, 더 많은 것을 요구받아야 한다. 생각해 보라.

14   "너무 어려워요." 그대는 낙담하며 외친다.
그대가 고군분투한다면 하느님의 은혜로 충분하다. 그대는 개인 이익을 제쳐두고 하느님을 위해 다른 사람들을 섬기고, 거리 공장 작업장 대학 사무실 자신의 환경과 지인들 가운데서, 즉 오늘 전투가 벌어지고 있는 현장에서 교회를 돕게 될 것이다.

15   "결국, 항상 그렇듯이, 관대함이 크게 부족합니다. 길을 발견했는데도 어디든 있는 작은 먼지구름 몇 개 때문에 끝을 흐리는 것이 얼마나 부끄럽고 안타까운 일인지요."
그대에게만 책임이 있다고 해도 화내지 말고 용감하게 자신을 비난하라. 그대에게는 충분한 방법이 있다.

16 그대가 이기심 때문에 인류의 건전하고 거룩한 안녕을 위한 공동 노력을 외면한다면, 그대가 계산적으로 행동하고 이웃의 육체적 정신적 불행에 공감하지 못한다면, 정신 차릴 수 있도록 호되게 질책하지 않을 수 없다. 그대가 형제자매인 다른 사람들을 향해 거룩한 형제애를 느끼지 않고 그리스도교라는 큰 가족과 단절된 채로 살아간다면, 그대는 불쌍한 기아 같다.

17 정상? 자신을 봉헌한 이에게는 모든 것이 도달해야 할 정상이 된다. 그는 하느님의 사랑에 한계를 정하지도 않고 정하고 싶지도 않기 때문에, 매일 새로운 목표를 발견한다.

18 그대가 하느님을 위해 더 관대할수록 더 행복할 것이다.

19 자신을 위해 약간의 시간을 할애하려는 유혹이 종종 나타난다. 그러한 사소함을 즉시 이겨내어 바로잡는 법을 배워라.

20 그대는 "전부 아니면 전무"인 사람이었다. 그리고 그대는 아무것도 할 수 없었기 때문에… 얼마나 아쉬운 일인가! 그대의 초라하고 인색한 자기 봉헌이 '완전'해질 때까지 겸손하게 투쟁하기 시작하라.

21 하느님께 전념한 우리는 잃은 것이 아무것도 없다.

22 나는 많은 사람들의 귀에 대고 외치고 싶다. 자녀를 하느님께 바치는 것은 희생이 아니라 영광이며 기쁨이다.

23 시련의 때가 그를 찾아 왔고, 그는 낙담하며 그대를 찾으러 왔다.

기억하느냐? 그대에게 '신중한' 조언을 해주던 그 친구에게 그대의 행동방식은 유토피아, 왜곡된 사고의 결과, 의지의 포획… 그런 종류의 '예리함'에 불과했다.

"하느님께 헌신하는 것은 종교적 감정이 비정상적으로 격화된 것이야."라고 그는 말했다. 그리고 그 빈약한 논리로 그는 그대와 그대 가족 사이에 낯선 사람, 즉 그리스도가 끼어들었다고 생각했다.

이제 그는 그대가 자주 하던 말을 이해했다. 그리스도는 결코 사람들을 갈라놓지 않으신다.

24 여기에 긴급한 임무가 있다. 신자와 비신자 모두의 양심을 움직여 —즉 정의로운 사람들을 동원해— 영혼들을 위해 일하는데 필요한 물질적 도구를 제공하고 협력하도록 하는 것이다.

25 그는 많은 열정과 이해를 보인다. 그러나 그는 그것이 '그'의 문제라는 것, '그'가 진지하게 기여해야 한다는 것을 알게 되면, 비겁하게 물러난다.

그는 심각한 위험의 순간에 "전쟁, 전쟁!" 하며 거짓 용기로 외치지만 나라를 지키기 위해 돈도 내지 않고 입대하지도 않는 사람들을 떠올리게 한다.

26 자선을 동전 몇 푼이나 낡은 옷가지 몇 장으로 생각하는 사람들을 보면 안타깝다. 그들은 복음을 읽지 않은 것 같다.
주저하지 말라. 사람들이 충분한 믿음과 인내를 갖추어, 자신들이 현세에서 필요한 것을 아낌없이 베풀 수 있도록 도와라.
우물쭈물하는 자들에게는 이렇게 설명하라. 세상의 관점에서 보더라도 더 이상 아무것도 가져갈 수 없는 마지막 순간까지 기다리는 것은 그다지 고상하지 않고 좋아 보이지도 않는다고 말이다.

27 "빌려주는 사람은 받지 못하고, 받으면 다 받지 못하고, 다 받으면 같은 것이 아닐 테고, 같은 것이라면 철천지원수다."
그렇다면? 계산 없이, 언제나 하느님을 위해 베풀어라. 그러면 인간적으로도 다른 사람들과 더 친밀하게 살아갈 수 있을 것이고 고마워하지 않는 이들도 줄어들 것이다.

28 나는 그 순박한 사람의 얼굴이 붉어지고 그의 눈에 눈물이 맺히는 것을 보았다. 그는 자신이 번 정직한 돈을 좋은 일에 아낌없이 기부하고 있었는데, '선한 사람들'이 자신의 의도를 의심하고 있다는 것을 알게 되었다.
이런 영적 싸움에서 초보자인 순진함으로 그는 중얼거렸다. "내가 희생하는 것을 보면서도 나를 희생시키는구나!"

나는 그와 천천히 얘기를 나눴다. 그는 내가 건네 준 십자고상에 입맞췄고, 그의 당연한 분노는 평화와 기쁨으로 바뀌었다.

29 자기 봉헌을 더 완전하고 '돌이킬 수 없게' 만들고 싶은 미친 갈망을 느끼지 않느냐?

30 우리가 반복해서 주님께 작은 것들을 거절할 때, 보잘것없는 우리 인간들의 태도가 얼마나 우스꽝스러운가! 시간이 지나면 사물의 진정한 모습이 보이게 되고… 부끄러움과 후회가 찾아온다.

31 "Aure audietis, et non intelligetis: et videntes videbitis, et non perspicietis."[3] 성령의 분명한 말씀: 그들은 귀로 들어도 이해하지 못하고, 눈으로 보아도 깨닫지 못한다.
사도직을 보고 그 위대함을 알면서도 자신을 바치지 않는 사람들이 있다고 괴로워하는가? 침착하게 기도하고 그대 길을 꾸준히 가라. 그들이 나서지 않으면 다른 이들이 올 것이다!

32 그대가 그분께 '예'라고 한 이후, 시간은 지평선의 색을 매일 더 아름답게 바꾸어 더 넓고 밝게 빛나도록 하고 있다. 그러나 그대는 계속해서 '예'라고 해야 한다.

---

3   루카 8,10.

33 　무한한 자기 봉헌의 스승, 복되신 성모 마리아. 기억하느냐? 예수 그리스도께서는 그분을 향한 찬양을 이렇게 표하셨다. "하늘에 계신 내 아버지의 뜻을 실행하는 사람이… 내 어머니다!"[4]

이 선하신 어머니의 너그러운 응답이 사랑과 해방의 힘으로 그대 영혼 안에서 강해지도록 간구하라. "Ecce ancilla Domini!" "보십시오, 저는 주님의 종입니다."[5]

4 　마태 12,50 참조
5 　루카 1,38.

시선 의식

34 진리를 지키는 일이 위태로울 때 어떻게 신을 거스르지 않으면서 주변과 충돌하지 않기를 바랄 수 있겠는가? 이 둘은 상반된다. 전자 아니면 후자다! 희생은 완전한 번제가 돼야 한다. 모든 것을 불살라 버려야 한다… 세상 사람들의 비평, 우리가 평판이라고 부르는 것조차도.

35 나는 '거룩한 뻔뻔스러움'이 복음에 얼마나 깊은 뿌리를 두고 있는지 이제 분명히 알게 되었다! 비방받으신 예수님, 침 뱉음 당하시고 뺨 맞으신 예수님, 소인배들의 법정에 끌려가신 예수님… 그리고 침묵하신 예수님! 을 기억하면서 하느님의 뜻을 이뤄라.
결심: 모욕당할 때 고개를 숙이고 분명히 다가올 굴욕도 기대하면서, 주님의 자비하심으로 우리에게 맡겨진 신성한 임무를 계속 수행하겠다.

36 우리가 두려움이나 부끄러움에 휩쓸려 일상생활에서 그리스도인임을 드러내는 것을 꺼린다면, 그 해악이 얼마나 클지 끔찍스럽다.

37 하느님이나 사도직에 대해 말할 때, 변명을 댈 필요를 느끼는 사람들이 있다. 그것은 그들이 인간 미덕의 가치를 발견하지 못한 대신, 영적 왜곡과 비겁함이 넘쳐나서일 것이다.

38 모든 사람을 만족시키려고 노력하는 것은 무의미하다. 반대하고 불평하는 사람들은 언제나 있기 마련이다. "양에게 이득이면 늑대에게 손해다."라는 속담이 딱 들어맞는다.

39 공격적인 목소리가 유일한 힘인 적에게 겁먹은 자처럼 행동하지 말라.

40 그대는 그 사업을 이해하고… 찬성한다. 그런데도 이에 가담하지 않으려고 매우 조심스러워하고, 남들이 그대가 돕는 것을 보거나, 그런다고 생각하지 않도록 더욱 조심한다.
사람들이 그대를 좋게 평가하는 것이 두렵다고 했다. 하느님과 사람들이 그대에게서 더 많은 일관성을 기대할까 봐 두려운 건 아닌가?

41 그는 완전히 결심한 것처럼 보였다. 그러나 여자 친구와 헤어지려고 펜을 들었을 때 결심이 무너지고 용기가 사라졌다. 사람들은 그게 지극히 인간적이며 또 이해할 수 있는 일이라고 말했다. 그들 생각에는 인간적 사랑이, 예수 그리스도께서 요청하실 때, 그분을 온전히 따르기 위해 버려야 할 것 중 하나가

시선 의식 19

아닌가 보다.

42 우리가 만들어진 흙의 연약함 때문에 잘못을 저지르지만, 교회 교리에 있어서는 흔들리지 않는 자들이 있다. 그들은 하느님의 은총으로, 자신의 잘못을 인정하고 진리를 확고하게 옹호하는 데에 영웅적 용기와 겸손을 보이는 이들이다.

43 어떤 사람들은 하느님에 대한 믿음과 신뢰를 경솔함과 무모함이라고 부른다.

44 하느님을 신뢰하는 것은 '미친 짓'이라고 한다…. 자기 자신이나 다른 사람을 신뢰하는 것이 더 어리석지 않은가?

45 그대는 "마침내 고해소에 가서 한 인간 앞에서 시궁창을 열어야 하는 굴욕을 맛보았다."라고 내게 썼다. 그 헛된 자존심을 언제쯤 버릴 수 있을까? 그러면 하느님의 용서, 즉 사죄를 주시는 축성 받은 '그 인간' ―또 다른 그리스도, 그리스도 자신!― 앞에서 자신을 그대로 보이는 기쁨을 안고 고해성사에 갈 것이다.

46 언제나, 공공연히, 우리의 거룩한 신앙에 따라 살아갈 용기를 갖도록 하자.

47 "우리는 분파주의자가 되어서는 안 됩니다." 그들은 교회 교리의 확고함 앞에서 중립적인 말투로 내게 말했다. 진리를 가진 사람은 분파주의자일 수가 없음을 그들에게 보여주자, 그들은 자신의 실수를 이해했다.

48 유행을 행동의 원칙으로 삼는 것이 어리석다고 확신하려면, 오래된 초상화 몇 점만 살펴보라.

49 하느님께 합당한 예배를 드리고자 거동 행렬과 어머니 성교회의 모든 외적 표현을 사랑하는 그대가, 무엇보다도 여기에 참여하는 그대가 좋다.

50 "Ego palam locutus sum mundo" "나는 세상 사람들에게 드러내놓고 이야기하였다."[6] 예수님께서 우리를 위해 생명을 바치실 때가 왔을 때 가야파에게 하신 말씀이다.
그러나 "palam" —드러내놓고— 주님께 공경을 보이기를 부끄러워하는 그리스도인들이 있다.

51 사도들이 흩어지고 성난 군중이 예수 그리스도에 대한 증오를 소리칠 때, 성모 마리아는 예루살렘 거리에서 아들의 뒤를 바짝 따른다. 그분은 군중의 소란에 겁먹지 않고, 군중 모두가 그리스도를 학대하려고 익명으로 비겁한 용기를 낼 때에도 구

---

6   요한 18,20.

세주를 떠나지 않는다.

힘을 다해 그분을 불러라. "Virgo fidelis!" "성실하신 동정녀여!" 그리고 하느님의 친구라고 자칭하는 우리가 참으로 그리고 늘 하느님의 친구가 되기를 청하여라.

기쁨

52   행복하지 않기로 결심할 때까지 지상에서 행복한 사람은 없다. 이것이 바로 고통, 곧 그리스도적 정신으로 겪는 십자가, 하느님의 뜻, 사랑, 그리고 세상에서의 행복과 그 이후 영원한 행복의 길이다.

53   "Servite Domino in laetitia!"[7] 기쁨으로 하느님을 섬기겠다! 나의 믿음, 나의 희망, 나의 사랑의 결과일 그 기쁨은 영원히 지속될 것이다. 왜냐하면 사도의 말씀대로, "Dominus prope est!"[8] 주님께서는 나를 가까이에서 따르신다. 주님은 내 아버지이시기 때문에 나는 그분과 함께 안전하게 걸을 것이다. 그리고 그분의 도움으로, 힘들더라도, 주님의 친절한 뜻을 이룰 것이다.

54   내가 계속해서 반복해온 충고: 기뻐하라, 항상 기뻐하라. 자신을 하느님의 자녀라고 생각하지 않는 사람들이나 슬퍼한다.

---

7   시편 100,2.
8   필리 4,5.

55 "저는 신부님 말대로 어린 형제자매들이 '부드럽게 밟을 수 있도록' 제 모든 것을 다 바치려 합니다. 이런 고생에는 너무 많은 기쁨이 있습니다!"

56 또 다른 신앙인이 내게 이렇게 썼다. "필요에 의해 고립되었을 때 형제들의 도움이 완벽하게 느껴집니다. 이제 모든 것을 '혼자' 감당해야 한다고 생각할 때, 저는 종종 '멀리서의 동행'—거룩한 '성인들의 통공'— 이 아니었다면 저를 가득 채우는 이 낙관주의를 유지할 수 없었을 것으로 생각합니다."

57 때로는 주변에 웃는 얼굴이 필요하다는 것을 잊지 말라.

58 "기대와는 달리 여러분은 모두 너무 유쾌하다."라는 말을 들었다.
"하느님께 헌신하는 자들은 침울한 부류의 사람들이다."라고 쉴 새 없이 험담하는 그리스도의 적들의 악마적 결단에는 긴 역사가 있다. 그리고 불행히도 착한 사람이 되고자 하는 사람 중 일부는 그들의 '슬픈 미덕'으로 이를 확인해 왔다.
주님, 그 거짓 희화화를 지우기 위해 우리의 즐겁고 행복한 삶을 선택하셔서 감사드립니다.
또한 우리가 그 점을 잊지 않게 해주시기를 청합니다.

59 그대 희생의 향기를 주위에 퍼뜨릴 때, 아무도 그대 얼굴에서 슬픔이나 고통을 읽지 못하게 하라. 하느님의 자녀는 항상 평화와 기쁨의 씨앗을 뿌리는 사람이 되어야 한다.

60 하느님 사람의 기쁨은 넘쳐나야 한다. 차분하고 전염성 있고 매력적이어야 하며… 쉽게 말해 다른 사람들을 그리스도의 길로 끌어들일 정도로 초자연적이고 매혹적이고 자연스러워야 한다.

61 "행복합니까?" 이 질문은 나를 생각에 잠기게 했다.
하느님의 자녀임을 자각하는 사람이 마음과 의지로 느끼는 그 모든 것을 표현할 수 있는 말은 아직 없다.

62 크리스마스. 그대는 이렇게 적는다. "마리아와 요셉의 거룩한 기대에 따라 저도 아이를 간절히 기다리고 있습니다. 베들레헴에서 얼마나 행복해질까를 생각하며, 한없는 기쁨으로 터질 것 같습니다. 아, 그리고 그분과 함께 저도 다시 태어나고 싶습니다."
그대의 이 말이 진정이기를 바란다!

63 진심 어린 결심: 남들에게 친절하고 쉬운 길을 만들어주겠다. 인생은 이미 충분한 고충을 동반하니까 말이다.

64 믿지 않는 이들을 회심시키는 일, 영혼들을 얻는 일의 경이로움이란!
그렇다면 하느님께서 그만큼, 아니 그보다 더, 좋아하시는 것은 그 영혼들이 잃어지지 않도록 하는 일이다.

65 또 다시 예전의 같잖은 생활로 돌아간 그대! 그리고 이후 되돌아왔을 때 겸손이 부족해서 즐거움을 느끼지 못하는 그대.
그대가 '되찾은 아들의 비유'의 두 번째 부분에 대해 고집스럽게 무지하여, 여전히 도토리의 불쌍한 행복에 집착하고 있는 듯하다. 자신의 나약함으로 인해 자존심 상한 그대는 용서를 구하기로 결심하지 않는다. 자신을 낮추면 아버지 하느님의 기쁜 환영, 즉 그대의 귀환과 부활의 축제가 기다리고 있다는 것을 깨닫지 못하고 있다.

66 사실이다. 우리는 무가치하고, 아무것도 아니며, 할 수 있는 것이 없고, 가진 것이 없다. 일상 투쟁 속에서 장애물과 유혹도 없지 않다. 그러나 그대의 형제자매들과 함께하는 순간, 그들의 '기쁨'은 모든 어려움을 사라지게 할 것이다. 그대는 하느님께 굳게 의지하는 그들을 볼 수 있을 것이기 때문이다. "Quia Tu es Deus fortitudo mea"[9] 주님이 우리의 힘이시기 때문이다.

---

9   시편 59,18 참조.

67   비유에서 초대받은 이들처럼 그 장면이 반복된다. 몇몇은 두려움, 다른 일부는 직업, 상당수는 핑계와 어리석은 변명을 댄다.
그들은 저항한다. 그리고 결국 그들은 지겹고, 마음이 복잡하고, 의욕이 없고, 따분하고, 쓸쓸해한다. 매 순간 하느님의 초대를 받아들이고 즐겁고 행복하게 사는 것이 그토록 쉽지만 말이다!

68   "나는 ―우리는― 쓸모없어, 제대로 되는 것이 아무것도 없어."라고 말하기는 매우 쉽다. 그것은 사실이 아닐뿐더러, 비관의 이면에는 엄청난 태만이 있다. 그대는 잘하는 것도 있고 못 하는 것도 있다. 전자에서는 기쁨과 희망으로 가득 차고, 후자에서는 낙담하지 않고 맞서서 제대로 하려 한다면, 고쳐질 것이다.

69   "신부님, 신부님의 충고대로 저의 나약함을 웃어넘겨 버리면 ―물론 타협하면 안된다는 것을 명심하면서 말이죠―, 저는 훨씬 기뻐집니다.
하지만 어리석게도 슬픔에 젖어 있으면, 길을 잃게 됩니다."

70   내게 십자가가 있냐고 물었다. 그래서 우리는 항상 십자가가 있다고 대답했다. 하지만 그것은 영광스러운 십자가이자 거룩한 인장이며, 우리가 하느님의 자녀라는 참된 보증이다. 바로 그 때문에 우리는 늘 십자가를 지고 행복하게 간다.

71 그대는 이전보다 더 큰 기쁨을 느낀다. 하지만 이번에는 그대 안에서 뭔가가 희생으로 찢어지고 있다는 직감을 동반하는, 조금 조바심이 나는 불안한 기쁨이다.
내 말을 주의 깊게 들어라. 현세에서는 완전한 행복이란 없다. 그러니 지금 즉시, 말없이, 피해의식 없이, 완전하고 절대적인 봉헌으로 하느님께 자신을 바쳐라.

72 그대는 햇살과 색채가 가득 찬 마음으로 큰 행복의 나날을 누리고 있다. 그런데 이상하게도 그대 행복의 이유는 예전에 그대를 상심하게 했던 것들과 같다!
늘 그렇다. 모든 것은 관점에 따라 달라진다. "Laetetur cor quaerentium Dominum!"[10] 주님을 찾으면 마음은 언제나 행복으로 흘러넘친다.

73 믿음 없는 사람들의 삶과 신뢰에 가득 찬 우리 그리스도인의 삶은 얼마나 다른가! 전자는 공허한 존재로 인해 슬프고 흔들리며 변하는 상황에 바람개비처럼 노출됐지만, 후자는 초자연적 운명에 대한 절대적 확신으로 인해 즐겁고 확고하며 견고하다.

74 그대가 행복하지 않은 이유는 자신이 늘 중심인 것처럼 모든 것을 생각하기 때문이다. 배가 아프다는 둥, 피곤하다

---

10   시편 105,3: "주님을 찾는 이들의 마음은 기뻐하여라."

는 둥, 누가 이러쿵저러쿵 했다는 둥….
그분 생각 그리고 그분을 위해 다른 사람을 생각해보려고 노력했는가?

75 "Miles", 군인. 사도는 그리스도인을 이렇게 부른다.
인류의 행복을 위한 그리스도인의 사랑과 평화의 싸움에서, 하느님 대열에는 지치고 배고프고 상처투성이지만… 행복한 군인들이 있다. 그들은 승리의 확실한 빛을 마음속에 지니고 있다.

76 "신부님, 상처를 입어도 항상 웃는 마음을 갖겠다는 결심을 보내드립니다."
훌륭한 결심 같다. 그 결심을 지켜나가도록 기도한다.

77 때때로 그대는 모든 즐거움을 죽이고 희망의 기도로 간신히 극복할 수 있는 낙담의 씨앗에 압도당한다. 괜찮다. 그럴 때일수록 하느님께 더 많은 은혜를 구하고 계속 나아가라! 싸우는 기쁨을 되찾아라, 전투 하나에서 패배하더라도 말이다.

78 의욕도 바램도 사라지고, 폭풍우가 몰아쳤다. 슬픔의 소나기가 내렸고, 자신이 묶여 있다는 느낌이 강하게 들었다. 엎친 데 덮친 격으로, 비관적인 생각이 들기 시작했다. "이토록 오랜 세월 동안 싸워 왔는데 나는 여전히 아주, 아주 뒤처져 있구나."라는 다소 객관적인 사실에서 생겨난 생각들이다.

이 모든 것은 필요한 것들이며 하느님께서 대비하신 것들이다. "Gaudium cum pace", 즉 참된 기쁨과 평화를 얻으려면, 우리를 낙관론으로 가득 채우는 하느님의 자녀라는 확신과 함께, 우리 자신의 인간적인 약함을 인정해야 한다.

79   더 젊어졌군! 그대는 하느님과 가까워지면서 짧은 시간 안에 젊은 시절의 순박함과 행복, 심지어 영적 어린이의 안정과 기쁨을 다시 얻었다는 것을 깨달았다. 그대는 주변을 둘러보고 다른 이들에게도 같은 일이 일어났음을 확인한다. 이들은 주님을 만나고부터 세월이 흐름에 따라 성숙해지면서, 지워지지 않는 젊음과 행복을 얻는다. 더이상 젊지 않지만 젊음으로 가득하고 행복하다!
내적 생활의 이런 모습은 사람들의 마음을 끌어당기고 견고하게 하며 지배한다. 이를 "ad Deum qui laetificat iuventutem"[11], 그대 젊음을 기쁨으로 채워 주시는 하느님께 감사드려라.

80   하느님의 은총은 부족하지 않다. 그러므로 그대가 주님께 응답한다면 안심할 수 있다.
승리는 그대에게 달렸다. 그대의 강직함과 추진력은 —은총과 함께하여— 승리를 확신하는 낙관주의의 충분한 이유가 된다.

---

11   시편 43,4.

81 어제, 그대는 꿈이 삭아버리고 인간 야망에 실망한 사람 중 한 명이었을 것이다. 오늘, 그분이 그대 삶에 오신 이래로 ―감사합니다, 하느님!― 그대는 웃고 노래하며 어디를 가던지 미소와 사랑과 행복을 나눈다.

82 많은 사람이 불행한 이유는 온갖 것을 너무 많이 가지고 있기 때문이다. 그리스도인들이 참으로 하느님 자녀답게 처신한다면, 불편함 더위 피로 추위를 겪을 것이다. 하지만 결코 기쁨을 잃지 않을 것이다. 그 모든 것이 참 행복의 원천이신 그분이 주시거나 허락하시는 것들이기 때문이다.

83 믿음도 희망도 없는 사람들의 광경 앞에서, 삶의 의미를 찾아 고뇌하며 동요하는 두뇌 앞에서, 그대는 삶의 목표를 발견했다. '그분'!
이 발견은 그대 삶에 새로운 기쁨을 주입하고 그대를 변화시킬 것이다. 그리고 이전에는 결코 알지 못했던 아름다운 것들이, 하느님께로 가는 넓은 길의 위대함을 드러내는 것들이 매일 눈앞에서 펼쳐질 것이다.

84 이 땅에서의 행복은 믿음, 순결, 그리고 주님께서 보여주신 길에 대한 충실함에 있다.

85 요란스럽지 않은 깊은 기쁨으로 행복하다는 것에 대해 하느님께 감사하라.

86 하느님과 함께라면 하루하루가 더 매력 있게 다가온다고 나는 생각했다. 나는 '조금씩' 살고 있다. 어느 날은 멋진 사실에 감탄하고, 다른 날은 전에 몰랐던 광경을 발견한다. 이대로라면 다음에 무슨 일이 일어날지 모르겠다.
그때 그분께서 내게 이렇게 다짐하신다는 것을 알아챘다. "너의 행복은 날마다 커질 것이다. 너는 하느님의 사업에, 내가 널 끌어들인 이 위대한 '혼란' 속에 점점 더 깊이 들어가게 될 것이기 때문이다. 그리고 내가 절대로 너를 떠나지 않는다는 것을 알게 될 것이다."

87 행복은 자기 봉헌의 결과다. 그대가 자기 봉헌의 물레방아를 돌릴 때마다 거듭 확정된다.

88 그대가 하느님께 자신을 바친 결과로 얼마나 변함없는 행복을 느끼는지! 그리고 모두가 그 행복을 나누도록 얼마나 간절하고 조급하게 바라야 하는지!

89 지금 그대가 걱정하는 모든 것들은 하느님 사랑에서 우러나오는 미소 속에 담겨질 수 있다.

90 낙관론? 항상! 사정이 안 좋게 바뀌는 것처럼 보일 때도 말이다. 그대가 그분 안에서 피난처를 찾았고 그분에게서는 좋은 일밖에 올 수 없기 때문에 대영광송으로 노래를 터트릴 시간일지도 모른다.

91 희망은 빛을 보기 시작함을 의미하는 것이 아니라, 주님께서 빛으로 충만하시며 그 선명함 속에 사신다는 것을 눈을 감고 신뢰함을 의미한다. 그분은 빛이시다.

92 그리스도인은 누구나 씩씩하고 쾌활한 십자군으로 이 땅 곳곳에 평화와 행복을 전하며, 시들고 썩은 마음까지도 일으켜 세워 주님께로 끌어올릴 의무가 있다.

93 시기심의 싹을 잘라내고 다른 사람의 성공을 진심으로 기뻐한다면 그대는 기쁨을 잃지 않을 것이다.

94 그 친구가 내게 와서 "너가 사랑에 빠졌다더라." 하고 말했다. 나는 매우 놀랐고, 그에게 그 소식의 출처를 물었다. 그는 행복으로 빛나는 제 눈에서 그 사실을 읽을 수 있었다고 고백했다.

95 예수님의 밝은 눈빛은 어땠을까! 주님을 태중에 모신 순간부터 주님을 찬송하며 ―"Magnificat anima mea

기쁨 33

Dominum!"[12] — 기쁨을 걷잡을 수 없으셨던 그분 어머니의 눈빛과 같았을 것이다.

어머님! 우리의 기쁨도 당신의 것처럼, 그분과 함께이고 그분을 모시는 기쁨이기를 청합니다.

12　루카 1,46.

담대함

96 그대들은 속 좁고 근시안적인 사람, 하느님 자녀들의 그리스도적 초자연적 지평을 포용할 수 없는 미성숙한 남녀가 되지 말라. 하느님과 담대함!

97 담대함은 무모함도 생각 없는 경솔함도 단순한 과감도 아니다. 담대함은 영혼의 삶에 필요한 사추덕인 용기다.

98 그대는 타오르는 열정보다는 심사숙고로 마음을 정했다. 감흥을 바랐지만, 그럴 여지가 없었고, 하느님께서 그것을 원하신다는 확신이 들었을 때 자신을 주님께 내어드렸다.
그 순간부터 그대는 다시는 심각한 의문을 '느끼지' 않았다. 오히려 때때로 넘쳐나는 차분하고 고요한 기쁨을 느낀다. 이것이 하느님께서 사랑의 대담함에 보답하는 방법이다.

99 나는 몇몇 나라에서 잘 알려진 속담을 읽고 생각에 빠지게 되었다. "세상은 신의 것이지만, 신은 이를 용감한 자들에게 빌려준다."
무엇을 기다리고 있느냐?

100 "저는 제가 되어야 할 사도가 아닙니다. 저는… 소심한 사람입니다."
사랑이 짧아서 오그라들어 있는 것은 아닌가? 정신 차려라!

101 어려움에 부닥치자 그대는 위축되었고 '신중하고 온건하며 객관적인' 사람이 되었다.
비겁함 소심함 태만과 동의어일 때, 그대는 이런 용어들을 항상 무시해 왔다는 것을 잊지 말라.

102 두려움? 그건 자신이 잘못하고 있다는 것을 아는 사람들의 몫이다. 그대에게는 절대 해당하지 않는다.

103 두려워하지만 않았다면 사도가 되었을 그리스도인들이 상당히 많다.
주님께 버림받았다고 불평하는 바로 그 사람들이다. 그들은 하느님을 어떻게 대했는가?

104 "우리는 많습니다. 하느님이 도우시면 어디든 갈 수 있습니다."라고 그들은 열렬히 말한다.
그렇다면 왜 두려워 움츠러드는가? 하느님의 은총으로 그대는 성인이 될 수 있고 그것이 바로 그대가 원하는 바다.

105 우리가 선한 일을 소홀히 해서 양심에 찔린다면, 그것은 주님께서 그 일을 원하셨다는 신호다.
그렇다. 또한, 그대가 하느님의 은총으로 그 일을 '할 수' 있었다는 것을 확신해야 한다.

106 잊지 말자. 하느님의 뜻을 행할 때는 장애물을 위로 넘거나 아래로 통과하거나 우회할 수 있다. 어떤 방식이든, 장애물은 극복할 수 있다.

107 사도적 사업을 확장하기 위해 노력할 때 '아니오'는 결코 최종 답이 아니다. 거듭 시도하여라!

108 그대는 지나치게 '신중'하면서 그다지 '초자연적'이지는 않기에 지나치게 약기도 하다. 스스로 문젯거리를 만들거나 모든 문제를 해결하려 하지 말라.
어쩌면 그대 말을 듣는 사람은 그대보다 덜 약고 더 관대하고 하느님께 의지하기 때문에 그리 많은 이의를 제기하지 않을 수 있다.

109 지나치게 조심스러운 어떤 행동 방법들은 그냥 소심한 방법들인 것이다.

110 확신하라. 하느님을 위해 일하면, 극복하지 못할 어려움이 없고 포기하고 말 낙담도 없으며, 결과가 없을지라도

실패는 아니다.

111 그대의 믿음은 너무 소극적이다. 성인이 되고자 분투하는 사람의 것이라기보다 성인을 흉내 내는 사람의 것 같다.

112 침착함과 담대함!
이 덕으로써 제5열의[13] 미적지근한 자, 소심한 자, 반역자들을 참패시켜라.

113 그대는 쉬지 않고 싸우고 싶다고 나를 안심시켰지만, 이제 침울한 얼굴로 내게 온다.
보라. 인간적으로 봐도 모든 것을 거저 받는 것은 좋지 않다. 많은 것들이 그대에게 달려 있다. 그렇지 않다면 성인이 될 수 있겠는가?

114 그대 말로는 그 초자연적 사업에 자신을 던지지 않는 이유가 사람들의 마음을 사지 못하고 실수를 저지를까 겁나서이다.
하느님을 더 생각한다면, 이러한 엉뚱한 이유는 사라질 것이다.

---

13 제5열 (fifth column): 적과 내통하여 국내에서 파괴행위를 하는 사람들 무리. 스페인 내전에서 유래한 '내부의 적'을 가리키는 표현이다.

115 때때로 나는 하느님과 그분 교회의 소수 적들이 다수의 선한 사람들의 두려움 때문에 활기를 띤다고 생각하며 부끄러움으로 가득 찬다.

116 대화를 나누다가, 그는 하늘의 별보다 자기 마구간의 들보를 세는 것이 좋아 자신이 사는 오두막에 머무는 것을 선호한다고 했다. 하늘을 향해 눈을 들기 위해 사소한 것들을 버릴 수 없는 많은 사람들이 그렇다. 더 높은 시야를 가져야 할 때가 아닌가!

117 나는 선구자로 하느님의 씨앗을 뿌리는 행운을 얻은 사람들의 초자연적이고 인간적인 기쁨을 이해한다.
"도시 전체와 그 일대를 온통 흔들어놓을 사람이 저 밖에 없다는 느낌은 근사합니다."라고 그는 확신에 차서 말하곤 했다.
더 많은 수단이나 사람이 오기를 기다리지 말라. 영혼들은 오늘, 지금, 그대를 필요로 한다.

118 담대하게 기도하면 주님께서 그대를 비관주의자에서 낙관주의자로, 겁 많은 사람에서 대담한 사람으로, 소심한 사람에서 신앙의 사람으로, 즉 사도로 바꾸어 주실 것이다!

119 그대를 압도하곤 했던, 거대한 산맥처럼 보였던 문제들이 완전히 사라져 버렸다. 주님께서 바람과 물이 잠잠해

지라고 명령하셨을 때처럼 하느님의 방식으로 해결된 것이다. 그대는 그때까지도 의심했었지!

120 "성령을 너무 돕지 마십시오!" 한 친구가 농담조로 그러나 큰 겁을 먹고 내게 말했다. 내 대답은 이러했다. "우리가 그분을 너무 적게 '돕는' 것 같다."

121 나는 주변 남녀에게서 그 많은 비겁함과 잘못된 신중함을 볼 때, 이렇게 묻고 싶은 열망으로 타 오른다. 믿음과 신뢰는 단지 설교용이고 실천하기 위한 것이 아닌 것인가?

122 그대는 다소 이상해 보이는 태도를 취하고 있다. 한편으로는 —자신의 내면을 들여다볼때— 움츠러들고, 다른 한편으로는 —위를 올려볼때— 자신감과 생동감이 넘친다.
걱정하지 말라. 그것은 그대가 자신을 더 잘 알아가고 있다는 표시이고, 더욱 중요한 것은 그분을 더 잘 알아가고 있다는 것이다.

123 보았느냐? 그분과 함께라면, 그대는 할 수 있다! 왜 놀라는가?
확신하라. 놀라울 것이 없다. 하느님을 신뢰하면 —참으로 신뢰하면— 모든 것이 쉬워진다. 그리고 항상 생각의 한계를 뛰어넘게 된다.

124 　거룩한 대담함을 실천함으로써 하느님께서 그대를 통해 일하기를 원하는가? 마리아께 호소하여라. 그러면 그녀는 겸손의 길을 그대와 동행하실 것이며, 인간의 생각으로는 불가능한 것에 직면했을 때, 그대는 땅과 하늘을 결합하는 "fiat!", '이루어지소서!'로 응답할 수 있을 것이다.

투쟁

125 모든 사람이 부자가 되거나 유식해지거나 유명해질 수는 없다…. 그러나 모두가 ―맞다, '모두'가― 성인이 되라는 부르심을 받았다.

126 하느님께 충실하려면 투쟁이 필요하다. 격투, 일 대 일, 즉 옛사람 대 하느님 사람의 싸움, 굴복하지 않고 작은 일 하나하나에서 벌이는 투쟁이다.

127 인정한다. 이 시련은 너무 힘들다. 결을 거스르듯, 억지로 오르막을 올라가야 한다.
내 충고는 이렇다. "Omnia in bonum!"[14] 일어나는 모든 일, 곧 '내게 일어나는 모든 일'은 내 유익을 위한 것이다! 라고 되새겨라. 그리고 ―이것이 올바른 결론이다― 그토록 어려워 보이는 것을 달콤한 현실로 받아들여라.

128 오늘날 착한 남녀만으로는 충분하지 않다. 게다가 거의… 착한 것에 만족하는 사람은 충분히 착하지 않다. 우리는 '혁명적'이어야 한다.

---

14   로마 8,28 참조.

쾌락주의, 그리고 쏟아지듯 권유하는 세속적이고 물질만능주의적 짐에 맞서 그리스도께서는 반순응주의자, 사랑의 반란군을 원하신다!

129 성화와 그 진정한 추구는 쉼이나 휴식이 없다.

130 어떤 사람들은 마치 주님께서 그것이 어렵지 않거나 — 그런 사람은 없다!— 투쟁이 필요 없는 이들에게만 자기봉헌과 의로운 행동을 권하신 것처럼 처신하며 살아간다. 그들은 예수님께서 모두에게 하늘나라는 폭력을 쓰는 자들이 매 순간의 거룩한 싸움으로 차지한다고 말씀하신 것을 잊었다.[15]

131 얼마나 많은 사람들이 개혁을 갈망하는가! 차라리 우리 모두 각자가 스스로를 개혁하여, 제시된 것을 충실히 이행하는 것이 낫지 않을까?

132 그대는 유혹에서 첨벙대고 위험을 자초하고 시각과 상상력을 가지고 놀며 빈 대화를 나눈다. 그러고 나서 의심, 질책, 혼란, 슬픔과 낙담에 시달린다고 당황한다. 그대에게 일관성이 부족하다는 것을 인정해야 할 것이다.

---

15 마태 11,12 참조.

133 처음의 열정이 지나자, 의문과 망설임과 두려움이 시작되었다. 그대는 공부, 가족, 경제적 상황, 그리고 무엇보다도 잘할 수 없을 것이라는 생각, 어쩌면 자신이 무능하고 인생 경험이 부족하다는 생각에 걱정스럽다.

그 두려움들을 ―악마에게서 또는 그대의 관대함의 부족에서 비롯된 유혹들이다!― 극복하는 확실한 방법을 알려주겠다. 그것들을 '무시'하라. 마음에서 그 기억들을 치워라. 스승님께서는 이천 년 전에 이미 "얼굴을 돌리지 말라!"[16]고 확고하게 설교하셨다.

134 우리는 우리 마음에, 죄에 대한 참된 공포를 심어야 한다. 뉘우치는 마음으로 말씀드려라. "주님, 다시는 죄를 범하지 않게 하소서!"

하지만 가련한 육신과 인간 욕정의 무게를 느낀다고 놀라지 말라. '그런 것'이 있음을 이제야 깨닫는 것은 어리석을 뿐 아니라 유치한 것이다. 그대의 약함은 장애물이 아니라 하느님과 더욱 일치하고 꾸준히 그분을 찾도록 해줄 실마리다. 그 분이 우리를 정화해주시기 때문이다.

135 만일 그대의 상상이 그대를 중심으로 들끓고, 평소 그대 길에 맞지 않고, 그대를 산만하게 하고, 차갑게 하고, 하느님의 현존으로부터 멀어지게 하는 가상의 환경과 상황을 만들어 낸다면, 이는 허영이다.

---

16 루카 9,62 참조.

만일 그대의 상상이 다른 사람을 맴돌고, 자기 임무가 아닌데도 남을 판단하는 잘못에 쉽게 빠지고, 남의 행동을 비열하고 객관적이지 않은 방식으로 해석한다면, 이는 섣부른 판단이다.

만일 그대의 상상이 자신의 재능과 말투 또는 자신이 타인에게 불러일으키는 감탄의 분위기를 맴돈다면, 바른 지향을 잃고 오만해질 위험이 있다.

일반적으로 상상을 풀어놓는 것은 시간 낭비이지만, 더욱이 통제하지 않으면 그것은 고의적 유혹 타래에 길을 열어준다.

내적 고행을 단 하루도 거르지 말라!

136   소명에 흔들림이 없음을 확인하기 위해 유혹을 견디어 내야 한다고 생각할 정도로 바보같이 순진해서는 안 된다. 이는 마치 살고 싶다는 것을 스스로에게 입증하기 위해 누군가 내 심장을 멈추어 주기를 바라는 것과 같다.

137   유혹과 대화하지 말라. 거듭 말한다. 도망칠 용기, 그리고 어디까지 갈 수 있을지 생각하며 자신의 나약함을 가지고 장난치지 않을 힘을 가져라. 타협하지 말고 끊어 버려라!

138   변명의 여지가 없다. 잘못은 오로지 네게 있다. 그런 길을 따르면 ─이런 책을 읽고 저런 동료와 어울리면─ 벼랑 끝에 몰릴 수 있다는 것을 알고 있다면 ─스스로를 충분히 알지 않는가?─ 왜 그것이 그대의 성장을 촉진하거나 인격을 성숙

시키는 지름길이라는 생각을 고집하는가?

큰 노력이 필요하더라도, 손끝의 즐거움이 줄어들지라도, 생활 계획을 근본적으로 바꿔라. 지금이 책임감 있는 사람답게 행동해야 할 적기다.

139 주님은 고의적인 죄를 피하려고 노력하지 않는 많은 사람의 무심함에 크게 슬퍼하신다. "우리가 모두 장애물에 걸려 넘어지기 때문에 정상인 거야!" 생각하고 그들은 스스로를 정당화한다.

잘 들어라. 그리스도를 단죄하고 죽음에 처한 군중 대부분은 '다른 사람들과 같이' 외치고, '다른 사람들처럼' 올리브 동산에 가는 것으로 시작했다.

결국 '다른 모두가' 하는 일에 밀려 물러서지 못했거나 물러서지 않았고… 예수님을 십자가에 못 박았다!

이십 세기가 지난 지금, 우리는 여전히 배우지 못했다.

140 기복. 너에게 기복이 너무 많다!

그 이유는 분명하다. 지금까지 그대는 쉬운 삶을 살아왔고, '자기 봉헌에 대한 소망'과 '자기 봉헌' 사이에 명백한 차이가 있음을 인정하고 싶어 하지 않는다.

141 그대는 조만간 그대 나약함의 증거에 틀림없이 직면하게 될 것이니, 악마가 그때 암시할 것이고 그대가 즉시

거부해야 할 몇 가지 유혹에 대해 미리 경고하고 싶다. 하느님이 그대를 잊으셨다는 생각, 그대의 사도직으로의 부르심이 헛되다는 생각, 세상 고통과 죄의 무게가 사도인 그대의 힘보다 크다는 생각….
이런 것들은 전부 사실이 아니다!

142   그대가 정말로 싸우고 있다면, 양심 성찰을 할 필요가 있다.
매일 자신을 살펴라. 우리 주님을 마땅하게 대하지 않았기 때문에 사랑의 회심을 느끼는지 확인하라.

143   많은 사람이 착공식에 참여하면서 공사가 완성될 것인지에 신경 쓰지 않는 것처럼, 죄인들은 그들의 '이번이 마지막이야'에 속아 넘어간다.

144   '끊어 버리기'에서 절대로 잊지 말아야 할 것은 '마지막'이란 지난 번, 이미 지나간 것이어야 한다는 것이다.

145   가끔 '첫 번째 회심'의 시작으로 돌아가 보라고 조언하고 싶다. 이는 어린아이처럼 되는 것이거나 적어도 그것과 아주 흡사하다. 영성 생활에서는 완전한 신뢰로, 두려움이나 이중성 없이 자신을 내맡겨야 한다. 자신이 생각과 마음에 담은 것들에 대해 명확하게 말해야 한다.

146 아무런 조치를 취하지 않으면서 어떻게 이 미지근하고 한심한 무기력의 상태에서 벗어나려고 하는가? 그대는 거의 노력하지 않으며, 노력을 할 때는 마치 짜증나고 불편한듯이 한다. 거의 그대의 미약한 노력이 아무런 효과가 없기를 바라면서, 자신을 정당화하여 더 이상 자신이나 남이 뭘 요구하지 않도록 말이다.

그대는 하느님의 뜻이 아니라 자신의 뜻을 행하고 있다. 진정으로 변하지 않는다면 행복하지도 않을 것이고 찾고 있는 평화도 얻지 못할 것이다.

하느님 앞에서 자신을 낮추고 정말로 원하려고 노력하라.

147 효율성의 비결이 전술에 있는 듯 모든 것을 전술로 환원하는 것은 엄청난 시간 낭비이자 너무나 인간적인 생각이다.

그들은 하느님의 전술이 애덕, 무한한 사랑이라는 것을 잊는다. 인간이 죄로 말미암아 하늘과 땅 사이에 벌린 연결 불가능한 간격을 하느님께서 그렇게 연결해 주셨다.

148 냉혹할 정도로 솔직하게, 즉 용기 있게 양심 성찰을 해라. 거울을 통해 상처받은 곳, 얼룩진 곳, 제거해야 할 결함이 어디에 있는지 바라볼 때처럼 말이다.

149   나는 가장 평범한 상황을 이용하여 우리를 하느님께로 인도하는 길에서 조금 또는 많이 벗어나게 하려는 사탄의 속임수에 대해 경고해야만 한다.

그대가 노력하고 있다면, 더욱이 진정으로 싸우고 있다면, 피로가 찾아오거나 어떤 영적 또는 인간적 위로 없이 억지로 가야 할 시간들이 올 때, 놀라지 말라. 얼마 전에 누군가 내게 쓴 글인데, 순진하게 은총이 인간 본성을 배제한다고 착각하는 이들을 위해 보관해 뒀다. "신부님, 며칠 전부터 저는 생활 계획을 수행하는 데에 지독히 게으르고 무관심했습니다. 모든 일을 억지로 그리고 아주 약한 정신으로 수행했습니다. 제가 길을 잃을지도 모른다는 생각에 너무 괴로우니 이 위기가 곧 지나가도록 기도해 주십시오."

나는 이렇게 대답했다. "사랑은 희생을 요구한다는 것을 모르는가? 스승님의 말씀을 천천히 읽어보아라. 'Cotidie', '날마다 제 십자가를 지지 않는 사람은 나에게 합당하지 않다.'[17] 그리고 나아가, '너희를 고아로 버려두지 않겠다.'[18] 주님께서 그대가 그토록 힘들어하는 메마름을 허락하시는 것은, 그대가 그분을 더욱 사랑하도록, 오직 그분만 신뢰하도록, 십자가를 지고 구원에 동참하도록, 그분을 만나도록 하시기 위해서다."

150   "악마는 그다지 영리해 보이지 않습니다!" 그대는 내게 이렇게 말했지. "그의 어리석음을 이해할 수 없습니다.

---

17   루카 9,23과 마태 10,38 참조.
18   요한 14,18.

언제나 똑같은 속임수와 똑같은 거짓말…."
맞는 말이다. 하지만 우리 인간은 덜 영리하고, 다른 사람들의 경험에서 배우지 않는다. 사탄은 우리를 유혹하기 위해 그러한 모든 것에 의존한다.

151 큰 전투에는 신기한 현상이 있다고 들은 적이 있다. 병력과 장비의 우세 때문에 승리가 확실하더라도, 격렬한 전투 중에 전선 한 구역의 약함으로 인해 패배가 우려되는 경우가 발생한다. 그때 상부의 단호한 명령이 내려지고 어려움을 겪는 구역이 보강된다.
나는 그대와 나에 관해 생각했다. 전투에서 지지 않으시는 하느님과 함께라면 우리는 항상 승리할 것이다. 그렇기 때문에 성화를 위한 싸움에서 힘이 달린다고 느낀다면, 지시에 귀 기울이고 들은 바를 행하여 도움을 얻어라. 그분은 실패하지 않으시기 때문이다.

152 그대는 하느님 면전에서 말하며 진실하게 지도자에게 마음을 열어 보였다…. 그리고 그대가 회피하려는 시도에 스스로 적절한 답을 찾아가는 것을 보며 감탄했다.
영적 지도를 사랑하자!

153 인정한다. 그대는 품위 있게 행동한다…. 그러나 솔직하게 말하자면, 그런 지친 걸음걸이로는 완전히 행복하

지 않을뿐더러 거룩함과 거리가 멀다.
따라서 그대에게 묻겠다. 그대는 정말로 품위 있게 처신하는가? 품위에 대한 잘못된 개념이 있는 것은 아닌가?

154　이런 식으로, 즉 장난치듯이, 안밖으로 경박하고, 유혹에 맞닥뜨릴 때 머뭇거리며, 원하지 않는 듯 원하면서는 내적인 삶의 발전은 불가능하다.

155　나는 많은 사람이 은총에 대한 저항을 '내일', '나중에'라고 부른다고 늘 생각해왔다.

156　영적 길의 또 다른 역설: 행동에서 개혁이 덜 필요한 영혼은 그것을 얻기 위해 더 열심히 노력하며 그것을 얻을 때까지 멈추지 않는다. 그리고 그 반대의 경우도 마찬가지다.

157　때때로 그대는 자신의 행동의 근원까지 가지 않기 때문에 스스로 '문제'를 만들어낸다.
그대에게 필요한 것은 단호한 전선의 변화일 뿐이다. 곧 의무를 성실히 이행하고 영적 지도에서 받은 지침들을 충실히 이행하는 것이다.

158　그대는 성인이 되어야겠다는 긴박감과 '고정관념'을 더 강하게 느꼈고 망설임 없이 매일의 투쟁에 뛰어들었다.

편리주의의 모든 증상을 용기 있게 뿌리 뽑아야 한다는 확신을 가지고 말이다.

그런 다음 기도에서 주님과 대화하던 중, 투쟁은 사랑과 동의어라는 것을 더 명확하게 이해했다. 그리고 그분을 위해 그분과 함께 그분 안에서 싸울 것이기 때문에 앞으로 올 싸움을 두려워하지 않으며, 더 큰 사랑을 그분께 요청했다.

159 상황이 꼬였는가? 솔직해져라. 하느님이나 저 영혼을 섬기기보다는 그대 이기심의 노예가 되고 싶다는 것을 진실하게 인정하라. 양보하라!

160 "Beatus vir qui suffert tentationem"[19], 유혹을 견디는 사람은 행복하다. 시험이 끝난 후, 생명의 화관을 받을 것이기 때문이다.
이러한 내적 운동이 절대로 사라지지 않는 평화의 원천임을 느낄 때, 그대는 기쁨으로 가득 차지 않는가?

161 "Nunc coepi!", 지금 시작한다! 충실했든 관대하지 못했든, 매 순간 하느님께 온전한 충성으로 봉사—사랑!—하고자 하는 열망을 새롭게 하는, 사랑에 빠진 영혼의 외침이다.

---

19 야고 1,12.

162 이런 말을 들었을 때, 그대의 마음이 정말 많이 아팠다. "그대가 찾는 것은 회심이 아니라 그대의 비참함을 담을 그릇이다. 저 슬픈 짐을 편하게 —그러나 씁쓸함을 맛보며— 계속 끌고 다니려고 말이다."

163 그대는 자신을 사로잡은 것이 신체적 쇠약인지 아니면 일종의 내적 피로인지 또는 두 가지 모두인지 모른다…. 그대는 노력 없이, 그리스도의 기쁨과 사랑을 전하기 위한 진정한 개선에 대해 열망 없이 고군분투한다.
성령께서 하신 분명한 말씀을 그대에게 상기시키고 싶다. 모든 것을 막론하고 "legitime", 진정으로 싸운 사람만이 화관을 얻을 것이다.

164 "저는 더 바르게, 더 결단력 있게 행동할 수 있고 더 큰 열정을 주위에 전파할 수 있는데… 왜 그러지 못하는 걸까요?"
그 이유는 —솔직해도 될까?— 그대가 바보이기 때문이다. 악마는 영혼의 문 가운데 방비가 가장 허술한 문이 인간 어리석음, 즉 허영심임을 아주 잘 안다. 그리고 온 힘을 다해 그곳으로 돌진하고 있다. 그럴듯한 감성의 회상, 히스테릭한 말썽꾼 콤플렉스, 자유 결핍 가능성의 느낌….
"깨어 기도하여라. 그때가 언제 올지 너희가 모르기 때문이다."[20]

---

20   마태 25,13.

하신 스승님의 권고를 따르기 위해 무엇을 기다리고 있는가?

165 그대는 거만하고 불안한 표정으로 내게 말했다. "누구는 올라가고 누구는 내려가고… 누구는 나처럼 길에 누워 있습니다."
나는 그대의 태만을 슬퍼하며 이렇게 덧붙였다. 올라가는 이들은 게으른 자들을 끌고 가고 내려가는 이들은 보통 더 세차게 그렇게 한다. 지금 그대가 얼마나 한심스러운 길을 택했는지 생각해 보라!
히포의 거룩한 주교가[21] 이미 지적한 바 있다. 전진하지 않는 것은 퇴보하는 것이다.

166 그대의 삶에는 서로 맞지 않는 두 가지가 있다. 머리와 마음이다.
신앙의 빛으로 밝아진 지성은 갈 길을 분명하게 보여 줄뿐만 아니라 그 길을 걷는 영웅적 방식과 어리석은 방식의 차이를 보여 준다. 무엇보다도 삼위일체께서 우리에게 맡기신 사업의 위대함과 그 신성한 아름다움을 제시한다.
반면에 감정은 그대가 경멸하는 모든 것에 집착한다. 심지어 그대가 그것들을 경멸스럽다고 생각할 때도 말이다. 마치 수천 개의 사소한 것들이 기회를 기다리고 있다가, 육체적 피로나 초자연적 시각의 상실 때문에 그대의 가엾은 의지가 약해지면, 그대

---

21   아우구스티누스 성인 (354-430).

의 상상 속으로 몰려들고 산을 이루어 그대를 짓누르고 낙담시키는 것 같다. 일자리에서의 어려움, 순종에 대한 저항심, 수단 부족, 편한 생활에 대한 환상, 크고 작은 혐오스러운 유혹, 솟구치는 감정, 피로, 영적 미지근함의 쓰라린 맛… 그리고 때로는 두려움. 하느님께서 그대가 성인이 되기를 원하시지만, 그대가 그렇지 못하는 데서 오는 두려움.

거침없이 말하겠다. 그대에게는 등을 돌릴 '이유'가 차고 넘치지만, 그분께서 주신 은총에 응답할 결심이 부족하다. 그대를 또 하나의 그리스도, "ipse Christus!", 곧 그리스도 자체가 되라고 부르셨기에 주신 그 은총 말이다. 그대는 사도에게 "너는 내 은총을 넉넉히 받았다."[22]라고 하신 주님의 훈계, 즉 원한다면 할 수 있다는 확언을 잊었다.

167 도둑질이나 살인만 저지르지 않고 살면 되는 듯 스스로를 좋은 사람이라 생각하고, 자아도취 하면서 허비한 시간을 보충하라.

기도생활과 일에 속도를 내라. 아직 갈 길이 멀었다! 모든 사람, 심지어 거슬리는 사람과도 기꺼이 어울리고, 전에 멸시했던 사람들을 사랑하고 섬기려고 노력하라.

168 그대는 고해성사에서 고름투성이인 과거의 잘못을 털어놓았다. 그리고 사제는 좋은 의사처럼, 정직한 의사처

---

22 2코린 12,9.

럼 그대의 영혼을 다뤘다. 그는 필요한 곳을 절개하고 상처가 완전히 깨끗해질 때까지 아물지 않도록 조치했다. 감사하라.

169 　스포츠 정신으로 중요한 일들에 임하는 것은 매우 좋은 결과를 낳는다. 여러 번 졌나? 좋다. 그래도 인내한다면, 마침내 이길 것이다.

170 　지금, 아직 젊다고 느낄 때 회심하여라…. 영혼이 늙었을 때 바로잡는 것은 참으로 어려운 일이다!

171 　"Felix culpa!"[23] 라고 교회는 노래한다. 그대가 자신의 잘못을 계기로 다시는 같은 죄를 짓지 않고, 그대보다 못하지 않은 이웃을 더 잘 이해하고 돕는다면, 그 잘못은 복되다고 나는 그대 귀에 대고 따라 말한다.

172 　유혹을 뿌리친 후에 그대가 이렇게 물었다. "주님, 제가 설마… 저 사람일 수가 있나요?"

173 　네 병력을 요약해보겠다. "나는 여기서 넘어지고 저기서 일어난다…." 중요한 것은 후자다. 달팽이 속도로 가더라도 그 내적 싸움을 계속해라. 앞으로!
아들아, 싸우지 않으면 어디까지 떨어질 수 있는지 잘 알고 있지

23　부활 전야 미사 전례의 기도문 중: "복된 탓이여!"

않느냐? 수렁은 또 다른 수렁을 부른다.

174 그대는 하느님과 사람들 앞에서 부끄러워한다. 그대에게서 묵은 때와 새로운 때를 발견한 것이다. 그대는 온갖 악한 본능과 경향을 매우 생생하게 느끼며 마음에는 불확실성이라는 구름이 끼어 있다. 게다가 가장 원하지 않거나 예상하지 못할 때, 피로로 인해 의지가 약해질 때, 유혹을 느낀다.
그대는 이런 자신을 보는 것이 더 이상 창피한지도 모르겠지만 마음이 아프다. 그러나 그분을 위해, 그분 사랑 때문에 아파해야 한다. 이 사랑의 뉘우침이 그대가 깨어 있도록 도와줄 것이다. 싸움은 우리가 살아가는 동안 지속될 것이기 때문이다.

175 그때 한 자기 봉헌—하느님의 자녀임을 알고 그렇게 살아가는 것—을 완성시키고자 하는 그대 열망은 참으로 크다!
그대의 많은 약함과 불충함을 주님 손에 맡겨라. 이 것이 그것들의 무게를 덜 수 있는 유일한 길이기 때문이다.

176 쇄신은 느슨함이 아니다.

177 피정. 하느님과 자신을 앎으로써 발전하기 위한 침잠의 시간. 어디에서 어떻게 스스로를 바꿔야 하는지, 무엇을 해야 하는지, 무엇을 피해야 하는지를 발견하기 위해 필요한 시간.

178 지난해에 일어났던 일이 반복되지 않기를.
"피정이 어땠습니까?"라는 질문을 받고, 그대는 이렇게 대답했다. "아주 잘 쉬었습니다."

179 침묵과 강렬한 은총의 나날. 하느님과 얼굴을 마주 보고 드리는 기도.
나는 나이와 연륜이 깊지만, 신성한 손길에 자신을 열고 자신의 삶을 쓸모 있게 바꿔, 과거의 모든 실수와 놓친 기회를 지울 가능성에 흥분한 어린이처럼 반응하는 이들을 바라보며, 감사 기도를 쏟아냈다.
그 장면을 기억하며 그대에게 당부했다. 기도생활에서의 싸움을 게을리하지 마라.

180 "Auxilium christianorum!" 신자들의 도움! 로레토의 동정 마리아 호칭기도는 이렇게 외운다. 그대는 어려운 시기에 이 화살기도를 바치려고 노력했는가? 믿음으로, 자녀다운 애정으로 그렇게 한다면, 그대를 승리로 이끌 성모 마리아의 전구의 힘을 발견할 것이다.

사람 낚는 어부

181 우리는 이야기를 나누면서 저 대륙의 땅을 보고 있었다. 그대는 눈이 빛났고, 마음이 조급함으로 가득 차 그곳 사람들을 생각하며 내게 말했다. "저 바다 건너편에는 그리스도의 은총이 효과가 없을 리가 있을까요?"
이어서 스스로에게 답했다. "하느님께서 당신의 무한한 자비에 유순한 도구를 사용하시고자 합니다."

182 그대는 저들이 너무 불쌍하다. 저들에게 시간을 낭비하고 있다고 외치고 싶다. 저들은 왜 눈이 멀어 보잘것없는 그대가 본 것을 보지 못하는 건가? 왜 최고를 선호하지 않는 건가?
기도하고 고행하라. 그리고 —그대의 의무다!— 그들을 한 명씩 깨워 한 사람 한 사람에게, 그대처럼 사회에서 자신의 자리를 버리지 않고 신성한 길을 찾을 수 있다고 설명하라.

183 그대는 신나서 시작했다. 하지만 서서히 위축되어 갔다…. 계속해서 시야를 좁힌다면 그대는 결국 자신의 초라한 껍데기에 갇히고 말 것이다.
그대는 사도직에 대한 갈망으로 마음을 점점 더 넓혀야 한다! 100

명의 영혼 중에 우리는 100명에게 관심이 있다.

184 주님께서 변함없이 그대에게 보이는 부모의 다정함을 감사하라.

언제나 위대한 모험을 꿈꿔온 그대는 그대를 거룩함으로 인도하는 엄청난 사업에 헌신했다.

거듭 말한다. 사도직의 삶으로 하느님께 감사하라.

185 사도직에 투신할 때, 그것은 언제나 사람들을 행복하게, 아주 행복하게 해주는 것임을 확신하라. 진리와 참다운 기쁨은 분리될 수 없다.

186 다양한 나라와 인종, 매우 다른 환경과 직업을 가진 사람들에게 하느님 이야기를 할 때, 그대는 그대 사도 성소의 인간적 그리고 초자연적 가치를 체감한다. 마치 주님 제자들의 첫 설교의 기적을 생생하게 재현하는 것 같다. 낯선 언어로 새로운 길을 보여주는 말을 각자가 마음 속 깊이 자신의 언어로 듣는다. 그리고 "파르티아 사람, 메디아 사람, 엘람 사람"[24]이 기뻐하며 하느님께 나아가는 장면이 새로운 생기를 띠며 그대 생각을 스쳐간다.

---

24 사도 2,9.

187 내 말을 잘 듣고 전하라. 그리스도교는 사랑이다. 하느님과의 관계는 지극히 긍정적인 대화다. 다른 사람들을 향한 관심, 곧 사도직은 사치품, 극소수만 할 일이 아니다.
이것을 알았으니 기쁨으로 가득차라, 이제 그대 삶은 완전히 다른 의미를 얻었기 때문이다. 그리고 그 사실에 걸맞게 행동하라.

188 자연스러움 성실 기쁨. 사도가 사람들을 끌어들이는 데 없어서는 안될 조건이다.

189 "나를 따라오너라." 예수님께서 첫 열두 사도를 부르신 방식은 이보다 더 단순할 수 없었다.
그 일을 계속하지 않으려고 많은 핑계를 찾는 그대에게 손에 장갑처럼 딱 맞는 생각이 있다. 저 첫 사도들의 인간적 지식은 빈약했지만, 그들은 관중을 얼마나 감동하게 했는가!
절대로 잊지 말라. 우리 각자를 통해 여전히 그분이 일하고 계신다.

190 사도직 성소는 하느님께서 주신다. 그러나 그대는 자신의 몫을 꾸준히 해야 한다. 기도, 고행, 공부나 일, 우정, 초자연적 시각… 내적 생활!

191 내가 말하는 '우정의 사도직'은 자기희생적이고 진실한 '인격적' 우정, 얼굴을 맞대고 마음과 마음을 나누는 그런 우정을 의미한다.

192   우정과 신뢰의 사도직에서 첫걸음은 이해와 섬김…. 그리고 교리에 대한 거룩한 비타협이다.

193   그리스도를 만난 이들은 자신의 좁은 세계에 갇혀서는 안 된다. 그러한 위축은 유감스러운 일일 것이다! 그들은 대신 모두에게 다가가기 위해 부채처럼 펼쳐져야 한다. 저마다 친구 모임을 만들고 넓혀가며 자신의 직업적 명성, 행동, 우정을 통해 그들에게 영향을 줘야 하고, 바로 그 직업적 명성, 행동, 우정을 통해 그리스도께서 그들에게 영향을 미치도록 해야 한다.

194   그대는 사방에 불을 지피는 불씨가 되어야 한다. 그리고 타오를 수 없는 환경에서는 영적 온도를 높여야 한다. 그러지 않으면 그대는 비참하게 시간을 낭비하는 것이고, 주변 사람들의 시간도 낭비하는 것이다.

195   사도직에 대한 열정이 있다면 늘 선한 사람들을 찾을 것이고 준비된 땅을 발견할 것이다. 변명의 여지가 없다!

196   확신하라. 그곳에도 그대의 길을 이해할 수 있는 사람이 많다. 자신이 알든 모르든 그리스도를 찾지만, 발견하지 못한 이들이다. 하지만 "선포하는 사람이 없으면 어떻게 들을 수 있겠습니까?"[25]

---

25   로마 10,14.

197 강렬하고 꾸준한 사도직을 하지 않는다면, 내적 생활에 열심하다고 하지 말라. 그대가 대한다고 주장하는 주님께서는 모든 사람이 구원받기를 원하신다.

198 그 길은 매우 힘들다고 그는 말했고 그대는 이 말을 듣는 순간 십자가가 참된 길의 확실한 표시임을 기억하며 자신 있게 고개를 끄덕였다…. 하지만 그대 친구는 그 길의 험한 부분만 의식했다. "내 멍에는 편하다."[26] 하신 예수님의 약속을 고려하지 못하고 말이다.
그에게 예수님의 말씀을 상기시켜 주어라. 그것을 알게 될 때 자신을 내어줄 수도 있기 때문이다.

199 그 친구가 시간이 없다고? 더욱 좋다. 그리스도께서는 바로 시간이 없는 이들에게 관심이 있다.

200 위대한 기회를 놓치고 예수님을 그냥 지나치는 사람들이 많다고 느낄 때, 이렇게 생각하라. 내게 길을 보여준 이토록 분명한, 섭리적 부르심이 어디에서 오는 건가?
이 사실을 날마다 묵상하라. 사도는 언제나 또 다른 그리스도, 그리스도 자신이 돼야 한다.

---

26 마태 11,30.

201 그가 자신을 그리스도와 맞대면하게 했다고 그대를 책망하고, "이제 결단을 내리기 전까지는 평화로이 살기는 글렀어."라며 분개하며 덧붙인다고 놀라거나 위축되지 말라. 그를 위해 기도하라. 그를 안심시키려는 것은 소용이 없다. 아마도 그의 오래된 불안, 즉 양심의 목소리가 전면에 드러난 것일 것이다.

202 자기 봉헌에 대해 지금까지 생각해 본 적이 없는 사람들에게 그 문제를 꺼냈다고 그들이 분개하는가? 어쩌겠는가? 그대는 사도를 부르는 사도의 소명을 가지고 있다.

203 그대는 다른 '언어'를 사용하기 때문에 사람들에게 다가가지 못한다. 자연스러워지라고 조언하고 싶다.
너무나도 인위적인 그대의 양성!

204 남들을 힘들게 하고 싶지 않다는 이유로 하느님, 그리스도인의 생활, 소명 등에 관해 이야기하기를 주저하느냐? 부르시는 것은 그대가 아니라 그분이심을 잊지 말라. "Ego scio quos elegerim" "내가 뽑은 이들을 나는 안다."[27]
게다가 이러한 거짓 존중 뒤에 안락이나 미지근함이 숨겨져 있다면, 유감스러운 일일 것이다. 이 시점에서 하느님의 우정보다 보잘것없는 인간 우정을 선호하는 것이냐?

---

27   요한 13,18.

205　그대는 사도직에 대한 열정으로 가득 차 있기 때문에 이 사람, 저 사람, 또 다른 사람과 대화를 나눴다.

한 사람은 두려워했고, 다른 사람은 '신중한' 사람과 상담해 나쁜 조언을 받았다….

인내하라. 그래야 나중에 이렇게 변명할 사람이 없을 것이다. "Quia nemo nos conduxit"[28] "아무도 우리를 불러주지 않았습니다."

206　나는 그대의 거룩한 조바심을 이해하는 동시에, 그대가 오래 생각해야 하는 사람도, 때가 오면 응답하는 사람도 있다는 것을 깨달아야 한다고 생각한다…. 두 팔 벌려 그들을 기다려라. 풍부한 기도와 고행으로 그대의 거룩한 조바심을 완성시켜라. 그러면 더욱 생기 넘치고 관대한 이들이 올 것이다. 그들은 태만을 떨쳐버렸을 것이고 더욱더 용감할 것이다.

하느님께서 그들을 얼마나 기다리시는지 생각해보라!

207　믿음은 사도직에 없어서는 안 될 필수 요건이다. 이는 열매가 맺히기까지 시간이 걸리더라도, 남들에게 하느님에 대해 꾸준히 전하는 인내에서 종종 드러난다.

우리가 인내한다면, 주님께서 이를 원하신다는 확신을 가지고 포기하지 않는다면, 그리스도적 혁명의 징후가 그대 주변 곳곳에 나타날 것이다. 어떤 이들은 자신을 봉헌할 것이고, 어떤 이들은

28　마태 20,7.

내적 생활을 진지하게 받아들일 것이고, 더 약한 이들은 적어도 경각심을 갖게 될 것이다.

208 마음이 벅찬 흥분의 나날이다. 세 명이나 더해졌다! 예수님의 말씀이 실현되고 있다. "너희가 많은 열매를 맺고 내 제자가 되면, 그것으로 내 아버지께서 영광스럽게 되실 것이다."[29]

209 어쩌면 머나먼 새로운 땅에 가서 돌파구를 열 가능성에 흥분된다고, 달에 사람이 있는지 알아봐야겠다고 한 그대 말에 나는 미소 지었다. 그 심정을 매우 잘 알기 때문이다.
주님께 그 사도적 열정을 키워 달라고 간구하라.

210 잠자는 영혼들을 마주할 때, 그대는 때때로 그들에게 외치고 흔들고 정신 차리게 하여 그들이 빠진 저 끔찍한 무감각 상태에서 깨어나게 하고 싶은 미친 갈망을 느낀다. 그들이 길을 모르고 맹목적으로 방황하는 모습이 너무 슬프다!
나는 예수님께서 예루살렘을 두고 완전한 사랑에서 눈물을 흘리셨음을[30] 너무 잘 이해할 수 있다.

---

29 요한 15,8.
30 루카 13,34-35 참조.

211 그리스도인 소명의 사도적 깊이를 날마다 파고들어라. 그분은 이천 년 전, 진실한 마음과 사랑할 수 있는 능력을 가진 모든 이들을 위한 집회 깃발을 세우셨다. 그대와 내가 그것을 사람들에게 선포할 수 있도록 말이다. "Ignem veni mittere in terram" "나는 세상에 불을 지르러 왔다."[31]라고 하신 말씀, 또는 아직 그리스도를 모르는 25억 명의 영혼에 대한 생각보다 더 분명한 호소가 있겠는가?

212 "Hominem no habeo"[32] "나를 도와줄 사람이 없습니다." 아쉽게도, 쓸모 있고 또 쓸모 있어야 하는 많은 병들고 정신이 마비된 사람들이 할 수 있는 주장이다.
주님, 제가 절대로 영혼들에게 무관심하지 않게 하소서.

213 세상을 다시 한번 불타오르게 할 새로운 성령강림을 나를 도와 함께 청하라.

214 "누구든지 나에게 오면서 자기 아버지와 어머니, 아내와 자녀, 형제와 자매, 심지어 자기 목숨까지 미워하지 않으면, 내 제자가 될 수 없다."[33]
주님, 핏줄이 그대의 지극한 사랑의 성심을 통과하지 않는다면, 어떤 이들에게는 반대의 항구한 근원이 되고, 다른 이들에게는

---

31 루카 12,49.
32 요한 5,7.
33 루카 14,26.

인내에 대한 간접적이거나 직접적인 유혹의 원천이 되고, 다른 이들에게는 절대적인 무효과의 원인이 되며, 모두에게 완전한 자기 봉헌을 방해하는 무거운 짐이 된다는 점이 점점 더 분명해집니다.

215 땅을 갈아엎어 밭고랑을 내는 쟁기는 씨앗도 열매도 보지 못한다.

216 그대는 결심한 후부터 날마다 새로운 발견을 하고 있다. "이 일이 가능할까?" 하고 끊임없이 자문한 후 의심과 실망만 거듭하던 어제를 기억하는지.
이제 그대는 항상 정확하고 합리적이며 명쾌한 답을 얻는다. 그리고 때때로 유치한 그대 질문들에 대한 답변을 들으면서 "예수님께서 첫 열두 제자를 이렇게 돌보셨겠구나."라는 생각이 든다.

217 주님, 성소를, 더 많은 성소를! 씨를 제가 뿌렸든 다른 누군가가 뿌렸든 상관없습니다. 예수님이 우리 손으로 뿌리신 것입니다. 제가 아는 것은 열매가 무르익으리라고 약속하셨다는 것입니다. "Et fructus vester maneat" "너희의 그 열매가 언제나 남아 있을 것이다."[34]

---

34 요한 15,16.

218 분명히 하라. "우리를 낚으려고 한다."라는 사람들이 있다면, 그렇다고 인정하라. 그러나… 걱정할 필요가 없다고 알려라! 그들에게 성소가 없다면, 즉 주님께서 부르지 않으신다면, 그들은 오지 않을 것이다. 그러나 만약 성소가 있다면, 복음에 나오는 부자 청년처럼 외롭고 슬프게 끝나는 것이 얼마나 부끄러운 일이겠는가.

219 사도로서 그대의 임무는 위대하고 아름답다. 그대는 은총과 인간 자유가 교차하는 곳에 있으며, 몇몇 사람들의 삶에서 가장 엄숙한 순간, 즉 그들이 그리스도와 만나는 순간에 참여한다.

220 그대들은 한명 한명씩 뽑힌 것 같다고 그는 말했다. 맞는 말이다.

221 확신하라. "그렇다면 나는 무엇을 해야 합니까?"라는 구체적이고 급박한 질문을 안고 우리에게 몰려올 수많은 사람들을 대응하기 위해, 잘 준비해야 한다.

222 사도 정신을 키우는 효과적 방법: 구체적인 사도적 계획을 토요일부터 토요일까지가 아니라, 오늘부터 내일까지, 지금부터 다음 순간까지 세워라.

223 그리스도께서는 그대 일에서 많은 것을 기대하신다. 그러나 그대는 선한 목자가 100번째 양을 찾아 나섰던 것처럼, 누가 부르기를 기다리지 않고 영혼들을 찾아 나서야 한다. 그런 다음 그대 친구들을 통해 다른 사람들에게 선을 행해야 한다. 한 사람 한 사람에게 이렇게 알려라. 누구도 자신을 채운 후 사도적 열정으로 외부에 흘러넘치지 않는 영적 생활에 만족하면 안 된다고 말이다.

224 그대를 기다리는 영혼들이 그토록 많은데 그대의 멍청한 관심거리로 시간을 낭비한다는 것은 용납되지 않는다.

225 교리의 사도직: 그것이 항상 그대의 사도직일 것이다.

226 성령강림의 경이로움은 모든 길이 성화 되었다는 사실에 있다. 한 가지 길의 독점으로 이해되어서는 안 되고, 길 하나의 높은 평가로 인해 다른 길이 희생되는 식으로 이해되어서도 안 된다.
성령강림은 무한히 다양한 언어와 방법과 하느님과의 만남의 형태이지, 강압적인 획일성이 아니다.

227 그대는 내게 이렇게 썼지. "북쪽으로 가던 한 청년이 우리 그룹에 합류했습니다. 그는 광부였습니다. 노래를 잘 했고 우리 합창에 목소리를 합쳤지요. 나는 그 친구의 도착역까

지 그를 위해 기도했습니다. 그는 작별하면서 '여러분과 여행을 계속하고 싶습니다!'라고 말했습니다."

나는 즉시 "mane nobiscum!" "주님, 저희와 함께 묵으십시오!"[35] 라는 말씀이 떠올랐다. 그리고 다른 사람들이 '그분의 길'의 동반자인 우리 각자에게서 '그분을 보도록' 다시 한번 믿음을 가지고 간청했다.

228 대중들은 '의로운 불만의 길'로 떠났고 지금도 떠나고 있다.

마음 아픈 사실이지만, 영적 혹은 물적으로 궁핍한 이들 사이에서 우리가 너무 많은 원망을 사지 않았는가!
그리스도를 가난하고 비천한 사람들에게 다시 모시고 갈 필요가 있다. 바로 그들과 계실 때 그분이 가장 편하기 때문이다.

229 교사여. 그대가 많은 시간 동안 공부해서 명확히 알게 된 것을 단시간에 학생들에게 이해시키는 데에 행복을 느끼기를.

230 '가르치고 싶은 마음'과 '마음으로부터 가르치는 것'은 학생들 사이에 사도직에 적합한 토양인 감사의 마음을 일으킨다.

---

35 루카 24,29.

231 나는 이 모토를 좋아한다. "각 나그네는 자신이 갈 길을 따르시오." 하느님이 그대를 위해 표시해 주신 그 길을, 힘들더라도 충실하게 그리고 사랑으로.

232 신약성경의 가르침 하나하나가 담은 교훈이 얼마나 대단한가!
스승님께서 성부 오른편으로 오르시면서 제자들에게 "가서 모든 민족을 가르쳐라."[36] 하셨고, 제자들은 평화로 가득 찼다. 그러나 그들은 여전히 의구심을 품고 어떻게 해야 할지 몰라, 사도들의 여왕인 마리아와 모였다. 그러면서 세상을 구원할 진리의 열정적인 설교자가 되었다.

---

36 마태 28,19-20 참조.

고난

233 그대는 예수님의 삶에서 특별히 감동적인 장면이 있다고 말했다. 예수님이 열린 상처가 있는 사람과 만날 때, 고통으로 마음과 몸이 찢어진 사람들에게 평화와 건강을 가져다줄 때… 나병을 치료하고 눈먼 이를 다시 보게 하고, 모든 사람에게 잊힌 불쌍한 불구자를 연못 근처에서 고쳐주는 것을 볼 때, 그대는 감화를 받는다고 말했다. 그럴 때마다 그대는 지극히 인간적이고 친근한 그분을 바라본다!
예수님은 그때나 지금이나 변함이 없으시다.

234 그대는 주님을 위해 고난을 좀 겪게 해달라고 주님께 간청했다. 그러나 고통이 인간적이고 평범한 방식으로 —가정의 어려움과 문제 혹은 일상생활의 수많은 사소한 일로— 다가오자, 그대는 거기에서 그리스도를 발견하기를 어려워한다.
그 못을 향해 기꺼이 손을 펴라. 그러면 고통이 기쁨이 될 것이다.

235 고통을 겪을 때 불평하지 말아라. 아끼는 돌, 귀한 돌을 다듬는다. 그대, 아픈가? 하느님께서 그대를 다이아몬드처럼 손에 쥐셨기에 깎여지는 것을 감사하게 허락하라. 가치 없는 조약돌은 이렇게 가공되지 않는다.

236   고통을 비겁하게 피하는 사람들은 즐겁게 고통을 포용하는 다른 이들을 볼 때 묵상 거리가 있다.
그리스도인답게 고통을 겪을 줄 아는 사람이 적지 않다. 그들의 본보기를 따르자.

237   한탄하고 있느냐? 그러면 그대가 옳다는 듯이 내게 설명한다. "가시에 찔렸습니다! 또 찔렸습니다!"
장미꽃들 사이에 가시가 있다는 것에 놀라는 것이 어리석은 일이라는 것을 모르느냐?

238   지금까지 그랬듯이, 그대에게 내 속이야기를 계속하겠다. 나는 내 앞에 십자고상만 있어도 감히 내 고통에 대해 말할 수가 없다…. 그리고 나는 살면서 많은 고통을 겪었다고 밝힐 수가 있다. 늘 기쁜 마음으로 말이다.

239   그대는 이해받지 못하는가?
그분은 진리이자 빛이셨지만 가까운 사람들조차도 그분을 이해하지 못했다. 그대에게 자주 조언했듯이 주님의 말씀을 기억하라. "제자는 스승보다 높지 않다."[37]

240   하느님의 자녀에게 반대와 비방은 군인이 전투에서 받은 상처와 같다.

---

37   루카 6,40.

241 그대에 관해 이러쿵저러쿵 말이 많다…. 명예, 그것이 뭐가 중요한가?
어쨌든, 그대 자신을 부끄러워하거나 안쓰러워하는 대신 그들을, 즉 그대를 학대하는 사람들을 부끄러워하고 안쓰럽게 여겨라.

242 때로는 그들이 이해하고 싶어 하지 않는다. 마치 눈이 먼 것 같다. 그러나 더러는 자신을 설명하지 못한 것은 그대다. 자신을 고치도록 하라!

243 옳다는 것만으로는 충분하지 않다. 이를 입증하는 법을 알아야 하고… 남들도 이를 인정하고 싶어야 한다.
그런데도 '사람들이 뭐라고 할까'에 신경 쓰지 말고, 필요할 때마다 진실을 주장하라.

244 그대가 스승님의 가르침을 받는다면, 조금만 더 이해하려고 노력해도 그대에게 엄청난 도움이 될 수많은 사람의 오해와 투쟁해야 한다는 사실에 놀라지 않을 것이다.

245 그대는 그를 신체적으로 학대하지는 않았으나, 너무나 자주 무시했고 마치 낯선 사람인 듯 무관심하게 봤다.
그것이 별것 아닌 것 같은가?

246 박해자들은 본의 아니게 남들이 성인이 되도록 협조한다…. 그러나 이런 성화의 협조자들은 참 불행하다!

247 이 세상에서는 자주 비방으로 보답을 한다.

248 고통을 만들어내서 상상으로 자신을 괴롭히는 데에 열중하는 이들이 있다.
나중에 객관적인 어려움과 시련이 올 때, 그들은 성모님처럼 십자가 밑에서 아들을 바라보며 지키지 못한다.

249 희생, 희생! 예수 그리스도가 친히 말씀하셨듯이, 그분을 따르는 것은 십자가를 지는 것이다. 그러나 나는 주님을 사랑하는 이들이 십자가와 포기를 너무 자주 언급하는 것이 마음에 들지 않는다. 사랑이 있으면, 힘들더라도 희생을 기꺼이 하고, 십자가는 거룩한 십자가이기 때문이다.
이런 식으로 사랑하고 자신을 내어줄 줄 아는 영혼은 기쁨과 평화로 충만하다. 그대의 생명인 그리스도의 십자가가 그대를 행복하게 한다면, 왜 위로를 구하듯이 '희생'을 강조하는 건가?

250 가톨릭 교리와 함께 진정 그리스도인으로 사는 법, 즉 하느님을 사랑하고 역경을 그분에게서 오는 축복으로 받아들이는 법을 가르친다면, 얼마나 많은 신경증과 히스테리가 사라질까!

251 이웃의 고통에 무관심하게 지나치지 말라. 친척, 친구, 동료, 그 낯선 이는 바로 그대의 형제다.

안타까워하며 종종 읽은 그 복음 이야기, 즉 예수님의 친척조차도 그분을 믿지 않았다는 내용을 기억하라. 그리고 그 장면이 반복되지 않도록 하라.

252 지상에 오직 하느님과 그대뿐이라고 상상하라.

그러면 모욕과 굴욕을 견디어 내기가 더 쉬울 것이다…. 그리고 최종적으로 하느님이 원하시는 것을 그분이 원하시는 대로 행할 것이다.

253 영혼들에 대한 열정으로 가득 찬 그 병자는 이렇게 얘기했다. "때때로 몸이 약간 반항하고 불평합니다. 하지만 저는 그 '탄식'마저 미소로 바꾸려고 노력합니다. 이는 매우 큰 효과를 거두기 때문입니다."

254 그는 불치병으로 움직임이 제한되었다. 그러나 기쁜 마음으로 나를 안심시켰다. "이 병은 나를 잘 다스리고 있고, 나는 이 병을 점점 더 사랑합니다. 선택할 수만 있다면 백 번이라도 다시 이렇게 태어날 것입니다!"

255 예수님은 33년의 준비 후에 십자가에 달리셨다. 평생을 준비하신 것이다!

진정으로 그분을 본받고자 한다면, 그분 제자들은 능동적이고 수동적인 자기부정을 통해 자신의 삶을 사랑의 공동 구속으로 만들어야 한다.

256   십자가는 어디에나 존재하며 전혀 예기치 못한 순간에 찾아온다. 하지만 잊지 말라. 십자가의 시작과 함께 열매도 맺기 시작한다.

257   영원한 사제이신 주님께서는 언제나 십자가로 축복하신다.

258   "Cor Mariae perdolentis, miserere nobis!"[38] 그대와 모든 시대 사람들의 죄에 대한 보속으로 성모님의 고통에 결합하려는 용기와 결단을 가지고 그분의 성심을 불러라. 그리고 그분의 슬픔으로 인해 우리가 죄를 더욱 미워하고, 매일매일 물심양면으로 겪는 어려움을 속죄의 마음으로 사랑할 수 있게 해 달라고 모두를 위해 청하여라.

---

38 "통고의 성모 성심, 자비를 배푸소서."

겸손

259 '기도'는 자신의 깊은 비천함과 자신이 지향하고 흠숭하는 하느님의 위대함을 인정하여, 스스로에게 아무것도 기대하지 않고 하느님께 모든 것을 기대하는 사람의 겸손이다.
'믿음'은 자신의 기준을 포기하고 교회의 판결과 권위 앞에 엎드리는 이성의 겸손이다.
'순종'은 하느님을 위해 다른 사람 뜻에 복종하는 의지의 겸손이다.
'정결'은 영에 복종하는 육체의 겸손이다.
'외적 고행'은 감각의 겸손이다.
'보속'은 주님께 바쳐지는 모든 걱정의 겸손이다.
'겸손'은 수덕적 싸움의 길에서 진리다.

260 자신이 하느님 앞에서 아무것도 아님을 아는 것은 위대한 일이다. 그것은 사실이기 때문이다.

261 "나는 마음이 온유하고 겸손하니… 나에게 배워라."[39]
예수님의 겸손은 흙으로 빚어진 보잘것없는 도구인 그대에게 얼마나 큰 교훈인가! 언제나 자비로우신 그분은 그대를 들어 올려 은총의 빛으로 그대의 비천함을 비춰 주셨다. 그런데

---
39 마태 11,29.

그대는 얼마나 많은 경우에 자만심을 존엄과 정의로 가장했는가! 그리고 사건들을 초자연적으로 바라보지 못해 스승에게서 배울 기회를 얼마나 많이 낭비했는가!

262 그대의 결함을 자신이 보거나 남이 발견한다고 해서 우울해지는 것은 근거 없는 짓이다.
참된 겸손을 청하라.

263 겸손이 부족하다는 분명한 표시 몇 가지를 상기시켜 주겠다.
-자신의 행동이나 말이 다른 사람의 행동이나 말보다 더 낫다고 생각하는 것;
-항상 자신의 방식대로 뭐든 하려는 것;
-옳지 않을 때 논쟁하거나 옳을 때 고집스럽고 무례하게 주장하는 것;
-누구도 요청하지 않고 사랑의 의무가 아니어도 자신의 의견을 제시하는 것;
-다른 사람의 관점을 무시하는 것;
-자신의 모든 재능과 자질을 빌린 것으로 간주하지 않는 것;
-자신이 어떤 명예나 존경에 대해서도, 심지어 자신이 밟고 있는 땅과 소유한 물건에 대해서도 자격이 없음을 인정하지 않는 것;
-대화에서 자신을 예로 드는 것;
-다른 사람들이 자신을 좋게 평가하거나 반박하도록 자신에 대해

나쁘게 말하는 것;

-질책을 받았을 때 변명하는 것;

-자신의 좋은 평판을 잃지 않기 위해 창피스러운 잘못을 지도자에게 숨기는 것;

-칭찬을 흡족하게 듣거나 다른 사람이 자신에 대해 좋게 말했다고 기뻐하는 것;

-다른 사람들이 더 높게 평가될 때 속상해하는 것;

-천한 일 수행하기를 거부하는 것;

-자신이 돋보이려고 노력하거나, 돋보이기를 원하는 것;

-자기 자신을 칭찬하거나 자신의 정직함, 재치, 재능, 직업적 평판 등을 대화에 암시하는 것;

-특정 소유물이 없어서 부끄러워하는 것.

264 겸손함은 불안이나 두려움을 가지는 것과 같지 않다.

265 태만이라는 거짓 겸손에서 벗어나자.

266 베드로가 말한다. "주님, 주님께서 제 발을 씻으시렵니까?" 예수님이 대답하신다. "내가 하는 일을 네가 지금은 알지 못하지만, 나중에는 깨닫게 될 것이다." 베드로가 거듭 주장한다. "제 발은 절대로 씻지 못하십니다." 그러자 예수님이 대답하신다. "내가 너를 씻어 주지 않으면 너는 나와 함께 아무런 몫도 나누어 받지 못한다." 시몬 베드로가 굽힌다. "주님, 제 발만

아니라 손과 머리도 씻어 주십시오."⁴⁰

온전하고 완전하고 주저 없는 자기 봉헌의 부르심 앞에 우리는 종종 베드로와 같은 거짓 겸손으로 반대한다. 우리도 사도처럼 큰마음을 가진 사람이었으면! 예수님에 대한 베드로의 사랑은 누구에게도 지지 않는다. 그 사랑은 이런 반응을 일으킨다. "제가 여기 있습니다! 제 손, 머리, 발을 씻어 주십시오! 저를 완전히 정화해 주십시오! 주님께 저를 아낌없이 봉헌하고 싶기 때문입니다."

267   그대를 위해 한 편지에서 옮겨 쓴다. "저는 복음적 겸손을 사랑합니다. 그러나 교회를 불명예스럽게 만드는 일부 그리스도인들의 소심하고 의식 없는 움츠림에는 반발합니다. 그리스도교 윤리란 노예들의 윤리라고 쓴 그 무신론자는⁴¹ 틀림없이 그들을 염두에 두었을 것입니다." 우리는 실제로 종이다. 하느님 자녀의 반열에 올라, 격정의 노예처럼 처신하고 싶어 하지 않는 종이다.

268   자신의 '빈약한 자질'에 대한 확신, 즉 자기 이해는 초자연적인 반응을 일으켜, 굴욕과 멸시와 비방에 직면할 때 영혼 안에 기쁨과 평화가 더욱 굳게 뿌리내리게 할 것이다.

"Fiat", "주님께서 원하시는 대로 이루어지소서."에 이어서 그대는 이런 논리를 따라야 한다. "그렇게만 말했다고? 그는 나를 모

---

40   요한 13,6-9.
41   독일 철학자 니체 (1844-1900).

르는 것이 분명하구나. 그렇지 않으면 그 정도에서 멈추지 않았겠지."

그대는 자신이 더 나쁜 대접을 받아야 마땅하다고 확신하기 때문에 그 사람에 대해 감사를 느낄 것이고 다른 사람이라면 고통스러워할 것에 기뻐할 것이다.

269 동상을 더 높이 세울수록 무너질 때 충격이 강하고 위험하다.

270 매번 더 깊은 겸손으로 영적 상담을 하러 가라. 그리고 이 또한 겸손이니, 시간을 엄수하라.

그대는 어리고 솔직한 아이라고 생각하라. 영적 상담에서 하느님께서 그대에게 말씀하시기 때문에 이는 틀린 말이 아니다. 말과 글을 익히고, 꽃과 새를 알아가고, 기쁨과 슬픔을 받아들이고, 자신이 밟는 땅에 신경 쓰는 것을 배우고 있는 것이다.

271 "저는 여전히 보잘것없는 존재입니다." 하고 그대는 말한다.

전에는 이 사실을 마주할 때마다 얼마나 힘들어했느냐! 하지만 지금은 무뎌지거나 포기하지 않으면서도 미소 짓는 데 익숙해지고, 점점 더 큰 기쁨으로 투쟁을 새롭게 시작한다.

272   그대가 현명하고 겸손하다면, 배움은 끝이 없다는 것을 깨달았을 것이다…. 인생도 마찬가지다. 아무리 박식한 사람이라도 인생 끝까지 배울 것이 있기 마련이다. 그렇지 않으면 더 이상 박식한 사람이 아닐 것이다.

273   선하신 예수님, 제가 사도가 되려면 저를 아주 겸손하게 만들어 주셔야 합니다.
태양은 모든 것을 빛으로 감쌉니다. 주님, 당신의 명료함으로 저를 채워 주시고 당신의 신성에 참여하게 해주소서. 당신이 원하시는 도구가 되도록 당신의 사랑스러운 뜻과 일치하게 하소서…. 저에게 당신의 낮아짐의 마음을 주소서. 가난하게 태어나시고, 빛나지 않게 일하시고, 나무에 못 박혀 죽는 치욕을 겪으시고, 감실에 숨어 있으시게 한 그 마음입니다.
저 자신을 알게 해주소서. 저 자신을 알고 또한 당신을 알게 해주소서. 그러면 제가 아무것도 아님을 절대로 잊지 않을 것입니다.

274   어리석은 사람만이 완고하다. 그러니 매우 어리석은 사람은 매우 완고할 것이다.

275   인간사에서는 다른 사람도 옳을 수 있다는 것을 잊지 말라. 그들은 그대와 똑같은 문제를 다른 관점에서 다른 빛으로 다른 색조로 다른 윤곽으로 본다.
신앙과 윤리에서만은 논박의 여지가 없는 기준, 곧 우리 어머니인 교회의 기준이 있는 것이다.

276   자신의 잘못을 바로잡는 것은 얼마나 좋은 것인가… 그리고 이 지식을 배우는 이들은 얼마나 적은가!

277   사랑의 의무를 거스르기 전에 양보하라. 가능하다면 저항하지 말라. 밟는 발을 구별하지 않고 짓밟히는 잔디의 겸손을 보여라.

278   회심으로 올라가는 길은 자신을 낮추는 겸손의 길이다.

279   그대가 내게 이렇게 말했다. "자아를 죽여야 합니다!" 하지만 이 참 어려운 일 아닌가?

280   자신을 낮추고 주님께 진실되게 "Serviam!" "당신을 섬기겠습니다!" 하고 말씀드리기 위해 우리 자신을 힘겹게 이겨내야 할 때가 많을 것이다.

281   "Memento, homo, quia pulvis es…" "기억하라, 흙에서 왔으니…."[42] 그대가 흙이라면 왜 짓밟히는 것이 괴로운가?

---

42   재의 수요일 미사 전례의 기도문 중 (창세 3,19 참조).

282 겸손의 길로 사람은 어디든 간다, 특히 천국으로 간다.

283 재능과 명성과 재산이 부족하더라도 성령께 그분의 은사를 청한다면, 효과적인 도구가 될 수 있다. 이 묵상은 겸손으로 가는 확실한 길이다.
사도들은 3년 동안 예수님의 가르침을 받았지만 그리스도의 적들 앞에서 겁에 질려 도망쳤다. 그러나 성령강림 이후 그들은 매질을 당하고 감옥에 갇히고 마침내는 그들의 믿음을 증거하기 위해 목숨까지 바쳤다.

284 사실 자신이 끝까지 충실할거라고 누구도 확신할 수 없다. 그러나 이런 불확실성은 겸손의 또 다른 이유이며 우리의 자유에 대한 분명한 증거다.

285 보잘것없는 그대이지만 하느님께서는 당신 영광을 위한 유익한 일에 그대를 써 오셨고, 지금도 쓰고 계신다. 교만하지 말라. 생각해 보라. 장인이 귀한 돌과 금은보석을 만드는 데 사용하는 철이나 강철 도구가 자신에 대해 뭐라고 할까?

286 금 1킬로그램과 구리 1킬로그램중 어느 것이 더 가치 있을까? 많은 경우 구리가 금보다 더 쓸모 있다.

287 그대의 소명, 곧 하느님의 부르심은 인도하고, 끌고, 섬기고, 이끄는 것이다. 그릇되거나 잘 못 이해한 겸손으로 자신을 고립시키고 한 구석에 처박힌다면, 하느님 도구로써의 의무에 실패하는 것이다.

288 주님께서 그대를 통해 다른 사람들에게 은총을 내려주실 때, 그대는 선물 포장지, 찢어지고 버려질 종이 조각에 불과하다는 것을 기억하라.

289 "Quia respexit humilitatem ancillae suae", "당신 종의 비천함을 굽어보셨으니…."[43]
나는 날마다 더욱 확신한다. 진정한 겸손은 모든 덕의 초자연적 토대다.
우리가 그 길을 따라 걸을 수 있게 훈련해 주시도록 성모님께 말씀드려라.

---

43 루카 1,48.

시민권

290 세상이 우리를 기다린다. 그렇다, 우리가 이 세상을 열정적으로 사랑하는 이유는 하느님께서 그렇게 가르치셨기 때문이다. "Sic Deus dilexit mundum…" "하느님께서는 세상을 너무나 사랑하신 나머지…."[44] 또한 그리스도께서 세우러 오신 평화에 모두가 도달할 수 있도록 우리가 싸우는 전장—지극히 아름다운 사랑의 전쟁—이기 때문이다.

291 주님은 섬세한 사랑을 우리에게 보여 주셨다. 즉 우리가 그 분을 위해 세상을 정복하도록 허락하신 것이다. 언제나 겸손하신 그분은 그것을 가능하게 하는 것만으로 만족하셨다…. 우리에게는 가장 쉽고 즐거운 부분, 즉 행동과 승리의 부분을 맡기셨다.

292 세상… "그것이 바로 우리 특기죠!" 두 눈과 생각을 하늘로 향한 후, 그대는 자신의 무르익은 밭을 주인답게 걷는 농부의 확신으로 말했다.
"Regnare Christum volumus!" 우리는 그분이 이 땅을 다스리기를 원한다!

---

44 요한 3,16.

293   "지금은 희망의 시대이며, 저는 이 보물에 의지해 살고 있습니다. 신부님, 이는 단지 말이 아니라 실제입니다." 하고 그대는 내게 말한다.
그렇다면 온 세상, 엄청난 힘으로 그대를 끌어당기는 모든 인간 가치 —우정, 예술, 과학, 철학, 신학, 스포츠, 자연, 문화, 사람…—, 이 모든 것을 희망 안에, 즉 그리스도의 희망 안에 두어라.

294   참으로 꾸준한 세상의 불명확하고 즐거운 매력. 길 위의 꽃들 —그대는 그 색깔과 향기에 매료된다—. 하늘의 새들, 피조물 모두….
불쌍한 나의 자녀! 충분히 이해된다. 그것들에 매료되지 않는다면 우리 주님께 어떤 희생을 바치겠느냐?

295   그리스도인으로서 그대의 소명은 하느님 안에 있으면서 동시에 이 땅의 것들을 객관적으로, 있는 그대로 사용하는 것이다. 그것들을 그분께 돌려드리기 위해서다.

296   많은 이들이 모든 것이 여기서 끝날 것처럼 이기심을 좇아 슬프게 살기를 고집하는 이 세상에서, 이토록 행복할 수 있다는 것이 믿기지 않는다!
그런 많은 이들처럼 되지 말라…. 매 순간 지향을 바로잡아라!

297 　　세상은 차갑고 잠이 든 듯하다. 그대는 종종 그대의 전망대에서 이를 불태우는 눈빛으로 바라보곤 한다. 주님, 깨어나게 하십시오!
그 조급함을 이런 확신으로 다스려라. 우리 삶을 제대로 불태운다면, 우리는 세상 구석구석에 불을 지를 것이고 전망이 바뀔 것이다.

298 　　내가 늘 요구하는 충성—하느님과 사람들에 대한 섬김—은 쉬운 열정이 아닌 다른 류의 열정이다. 어디든 할 일이 얼마나 많은지를 보며 거리에서 얻는 열정이다.

299 　　하느님의 자녀는 매우 인간적이어야 한다. 그러나 천박하고 무례할 정도로 변질되면 안 된다.

300 　　시민으로서 훌륭한 의무이행을 통해 묵묵한 일로 한 사람 한 사람의 귀에 대고 외친 다음, 우리의 권리를 요구하면서 교회와 사회를 위해 바치는 것은 어렵다.
어렵지만… 대단히 효과적이다.

301 　　훌륭한 가톨릭신자가 되는 것과 시민사회에 충실히 봉사하는 것이 대립된다는 건 사실이 아니다. 마찬가지로 교회와 국가가 하느님께서 맡기신 사명에 따라 각자의 권한을 합법적으로 행사하는데 충돌할 이유가 없다.

그 반대의 주장을 하는 사람들은 거짓말―그렇다, 거짓말!―을 하고 있다. 그들은 거짓 자유를 빌미로 우리 가톨릭들이 카타콤으로 돌아가는 것을 '친절하게' 원하는 사람들이다.

302 그리스도인이자 시민으로서 그대의 임무는 다음과 같다. 그리스도의 사랑과 자유가 현대 생활의 모든 표현, 곧 문화와 경제, 일과 휴식, 가정생활과 사회생활을 이끌도록 돕는 것이다.

303 하느님의 자녀는 모든 사람의 문제에 관심을 기울이고 우리 구세주의 정의와 자비로 그 문제를 해결하려고 노력하기 때문에 계급주의자가 될 수 없다….
주님께서는 사람을 차별하지 않으신다고 사도가 우리에게 썼을 때 이미 이것을 지적했고, 나는 그의 말을 이렇게 번역하는 데에 주저하지 않는다. "단 하나의 인종, 하느님 자녀의 인종만이 있을 따름이다!"

304 세상 사람들은 영혼들이 가능한 한 빨리 하느님을 잃어버리도록 하고, 그런 다음에는 세상을 잃어버리게 한다…. 그들은 이 세상을 사랑하지 않는다. 다른 사람들을 짓밟으면서 세상을 착취하는 것이다!
그대도 이런 이중 사기의 희생자가 되지 않기를 바란다.

305   하루 종일 화가 나 있는 사람들이 있다. 그들은 모든 것에 불안해한다. 밤에는 잠이라는 유일한 탈출구가 오래 가지 못할 것이라는 신체적 강박관념을 가지고 잔다. 아침에는 또 다른 하루를 앞두고 있다는 적대적이고 절망스러운 인상으로 깨어난다.

많은 사람이 주님께서 우리를 영원한 행복에 이르도록 이 세상에 내셨다는 것을 잊고 있다. 그리고 하느님 자녀의 기쁨으로 이 세상을 걷는 사람만이 그 행복을 얻을 수 있을 것이라고 생각하지 못하고 있다.

306   그대는 그리스도인인 시민의 행동으로 사람들에게 다음의 차이를 보여라. 슬프게 사는 것과 기쁘게 사는 것, 소심한 것과 담대한 것, 조심스러운 이중적 행동―위선!―과 성실하고 온전한 행동의 차이. 한마디로 세상적으로 사는 것과 하느님의 자녀로 사는 차이.

307   그대가 경계해야 할 근본적 오류가 있다. 그대의 시대나 환경의 고상하고 정당한 관습과 요구를 그리스도교 도덕 가르침의 성덕에 합당하게 정리하고 맞출 수 없다는 생각이다.

고상하고 정당한 것들이라고 명시했음을 주목하라. 그 외의 관습은 시민권의 자격이 없다.

308   종교는 생각이나 일상에서 삶과 분리될 수 없다.

309   저 멀리서는 하늘과 땅이 지평선에서 서로 만나는 듯이 보인다. 그러나 잊지 말라. 하늘과 땅이 실제로 만나는 곳은 하느님의 자녀인 그대의 마음이다.

310   교묘한 박해로 교회를 공공생활에서 내몰고, 무엇보다도 교육, 문화, 가정생활에 개입하지 못하도록 막아 굶어 죽게 한다면, 우리는 가만히 보고만 있을 수 없다.
이러한 권리는 우리의 권리가 아니라 하느님의 권리이며, 그분께서는 우리 가톨릭 신자들에게 이를 맡기셨다…. 행사하도록 말이다!

311   많은 물질, 기술, 경제, 사회, 정치, 문화 현실을 그대로 두거나 신앙의 빛이 없는 사람들의 손에 맡기면, 초자연적 삶에 끔찍한 장애가 될 수 있다. 그것들은 곧 교회를 적대시하는 폐쇄된 보호구역으로 구성된다.
그대는 그리스도인 연구자, 작가, 과학자, 정치인, 노동자로서 이러한 현실을 거룩하게 할 의무가 있다. 사도의 말씀대로 온 우주가 하느님의 자녀가 해방될 날을 기다리며 탄식하며 진통을 겪고 있다는 사실을 기억하라.[45]

---

45   로마 8,22 참조.

312   세상을 수도원으로 만들려 하지 말라. 그것은 무질서이기 때문이다…. 마찬가지로 교회를 세상적 파벌로 만들려 들지 말라. 그것은 반역과 다름이 없기 때문이다.

313   시저주의 사고방식을 가지고 하느님께서 인간 판단에 맡기신 것들에 대한 다른 시민들의 자유를 이해하지 못하는 것은 참으로 슬픈 일이다.

314   "거룩함을 얻기 위해 독방이나 산속의 고독으로 피신해야 한다고 누가 말했습니까?" 한 가정의 좋은 가장이 놀라며 물었다. "그렇다면 사람이 아니라 독방이나 산이 거룩할 것입니다. 주님께서 우리 모두에게 분명히 '하늘의 너희 아버지께서 거룩하신 것처럼 너희도 거룩한 사람이 되어야 한다.'[46]라고 하셨다는 사실을 잊은 것 같습니다."
나는 "주님은 우리가 거룩해지기를 원하실 뿐만 아니라 각자에게 맞갖은 은총을 주신다."고만 답했다.

315   조국을 사랑하라. 애국심은 그리스도적 미덕이다. 하지만 애국심이 그리스도적 사랑이나 정의 없이, 무관심과 경멸로 다른 민족과 나라를 보게 하는 민족주의로 변질된다면, 그것은 죄가 된다.

---

46   루카 6,36.

316 범죄를 정당화하고 다른 민족의 권리를 부인하는 것은 애국심이 아니다.

317 사도는 이렇게 썼다. "그리스인도 유다인도, 할례 받은 이도 할례 받지 않은 이도, 야만인도, 스키티아인도, 종도, 자유인도 없습니다. 그리스도만이 모든 것이며 모든 것 안에 계십니다."[47]
이 말씀은 어제나 오늘이나 동일하게 적용된다. 주님 앞에서는 민족, 인종, 계급, 국가 간의 차이란 없다. 우리 각자는 새로운 피조물, 하느님의 자녀가 되기 위해 그리스도 안에서 다시 태어났다. 우리는 모두 형제자매이며 형제애를 가지고 행동해야 한다!

318 나는 언제나 타당할 하나의 기준을 수년 전부터 분명히 봤다. 그리스도적 신앙과 도덕에서 벗어난 사회 분위기에는 복음의 영원한 진리를 생활화하고 전파하는 새로운 방식이 필요하다. 사회와 세상의 중심부에서 하느님의 자녀들은 어둠 속 등불처럼 그들의 덕을 통해 빛나야 한다, "quasi lucernae lucentes in caliginoso loco."[48]

319 가톨릭 교회의 영원한 활력은 그리스도의 진리와 정신이 각 시대의 다양한 요구와 동떨어지지 않는 것을 보장

---

47 콜로 3,11.
48 2베드 1,19.

한다.

320 오늘날의 사도는 그리스도의 발자취를 따르기 위해 주변의 역사적 현실을 무시하거나 개혁하려고 하지 않는다…. 주변 환경에 활기를 불어넣으며 초기 그리스도인들처럼 행동하는 것으로 충분하다.

321 세상 한복판에서 한 명의 시민으로, 스스로를 선하거나 악하다고 주장하는 사람들과 접촉하며 살아가는 그대… 그대는 그리스도인이기 때문에 그대가 누리는 기쁨을 사람들에게 주고자 하는 끊임없는 열망을 느껴야 한다.

322 아우구스투스 황제의 칙령에 따라 이스라엘의 모든 주민은 호적 등록을 해야 한다. 마리아와 요셉은 베들레헴으로 길을 떠난다…. 주님께서 예언을 이루기 위해 율법에 대한 신속한 순종을 활용하셨다고 생각해봤느냐?
정직한 공존의 규칙을 사랑하고 존중하라. 그리고 의무를 충실히 따르는 것이 다른 사람들이 신성한 사랑의 열매인 그리스도교적 정직함을 발견하고, 하느님을 만나는 수단이 될 것임을 의심하지 말라.

성실

323   지도자에게 유혹을 숨기는 사람은 악마와 비밀을 공유하고 있다. 그는 적과 친구가 된 것이다.

324   그대가 넘어지며 일으킨 먼지와 어두움은 마음의 평화를 빼앗을 듯한 여러 생각과 함께 그대에게 불안을 준다. 우리 주님 곁에서 흘리는 눈물, 그리고 형제와 신뢰 깊은 대화에서 마음의 짐을 덜어봤느냐?

325   진실성. 하느님, 지도자, 형제자매를 상대로. 그러면 나는 그대가 끝까지 충실할 것을 확신한다.

326   솔직하고 단순해지는 법? 베드로의 이 말씀을 듣고 묵상하라. "Domine, Tu omnia nosti…" "주님, 주님께서는 모든 것을 아십니다!"[49]

327   "무슨 말을 해야 합니까?" 그대 영혼을 열기 시작하면서 내게 한 질문이다. 그리고 나는 확실한 양심으로 대답한다. "드러내고 싶지 않은 것부터 말해라."

---

49   요한 21,17.

328 그대가 다른 사람에게서 보는 결점은 아마도 그대 자신의 결점일 것이다. "Si oculus tuus fuerit simplex…" "네 눈이 맑을 때에는 온몸도 환하고, 성하지 못할 때에는 몸도 어둡다."[50]

더 나아가, "어찌하여 형제의 눈 속에 있는 티는 보면서, 네 눈 속에 있는 들보는 깨닫지 못하느냐?"[51]

자신을 성찰하라.

329 우리는 모두 자신의 행동을 판단할 때 객관성의 결여를 경계해야 한다…. 그대도 마찬가지다.

330 인정한다. 그대는 진실을 '거의' 다 말한다…. 그러므로 그대는 진실하지 못하다.

331 그대는 불평하고… 나는 거룩한 비타협으로 계속한다. 그대는 불평한다… 이번에는 내가 아픈 데를 찔렀기 때문이다.

332 그대가 내게 이렇게 쓴 것은 솔직함이 무엇인지 이해한 것이다. "나는 모든 것을 그것에 적절한 이름으로 부르는 습관을 들이도록 노력하고 있습니다. 무엇보다도 존재하지 않

---

50   루카 11,34.
51   루카 6,41.

는 것에 대한 호칭을 찾지 않으려고 하고 있습니다."

333 　생각해보라. 투명하다는 것은 보이게 하는 것보다 감추지 않는 데 있다. 유리잔 밑바닥에 있는 물체를 구분할 수 있게 하는 것이지 공기를 보이게 하려고 노력하는 것이 아니다.

334 　사람들에게 숨길 것이 없도록 하느님의 현존을 의식하며 행동하자.

335 　마음의 짐이 사라졌다. 지도자와의 솔직함이 복잡한 것들을 놀랍도록 쉽게 풀어준다는 것을 알게 된 것이다.

336 　절대적인 솔직함을 요구한 후, 모든 진실을 보여주면 놀라는 부모와 교사와 지도자들의 실수!

337 　그대는 사전에서 '불성실'의 동의어를 봤다. '모호함, 기만, 가식, 간사함, 교활함.' 그대는 책을 덮으며 이런 특징이 절대로 그대에게 해당되지 않기를 주님께 청했다. 그리고 초자연적이고 인간적인 솔직함의 미덕을 더욱 섬세하게 실천하기로 결심했다.

338 내가 이미 그대에게 일깨워준 바가 있다. "Abyssus, abyssum invocat…"[52] "심해는 심해를 부른다." 이는 거짓말쟁이, 위선자, 배교자, 배신자들의 행동을 정확히 기술하는 표현이다. 그들은 자신의 행동에 만족하지 못하기 때문에 자신의 속임수를 다른 사람들에게 숨기며 더 큰 악에 빠지고, 자신과 이웃 사이에 심연을 판다.

339 "Tota pulchra es Maria, et macula originalis non est in te!"[53] "온전히 아름다우신 마리아여, 원죄에 물듦이 당신께는 없나이다!" 전례는 기뻐하며 이렇게 노래한다. 마리아에게는 이중성의 그늘이 전혀 없다. 나는 성모님께 우리가 영적 지도에서 마음을 열어 은총의 빛이 우리의 행동 전체를 비추도록 매일 기도한다!
마리아께 청한다면 그분께서는 우리가 복되신 삼위일체에게 더욱 가까이 나갈 수 있도록 진실성의 용기를 얻어주실 것이다.

---

52   시편 42,8.
53   4세기의 "Tota Pulchra" 기도문 중.

충성

340 충성의 결과는 혼동이나 흔들림이 없는 바른길을 걷고 있다는 확신이자, 상식과 행복이 존재한다는 확신이다.
그대 삶의 매 순간이 이러한지 보라.

341 하느님께서 때로는 그대를 빛으로 채우시지만 더러는 그렇지 않다고 그대는 내게 털어놓았다.
나는 그대에게 주님은 언제나 무한히 선하시다고 확실하게 일깨워주었다. 그래서 앞으로 나아가기 위해서는 빛나는 시간으로 충분하고 다른 시간은 그대가 더욱 충성하도록 해주기에 유익하다.

342 세상의 소금. 우리 주님은 제자들에게, 즉 그대와 나에게도, 면역을 키우고 부패를 막으며 세상에 맛을 더하기 위한 세상의 소금이라고 말씀하셨다.
하지만 그분은 "Quod si salt evanuerit…"[54] 만일 소금이 제맛을 잃으면, 버려져 사람들에게 짓밟힐 따름이라고 덧붙이셨다.
이제 우리가 탄식하는 많은 사건들 앞에서 설명되지 않던 것이 설명되는가?

---

54 마태 5,13.

343   티모테오에게 보낸 둘째 서간에서 데마스가 현세를 사랑한 나머지 테살로니카로 가 버렸다고 사도가 탄식하는 대목이 나를 오싹하게 한다. 성 바오로의 다른 서간에서 성도들 가운데 한 명으로 일컬어지는 사람이, 하찮은 것들과 박해에 대한 두려움 때문에 하느님의 사업을 저버렸다.

내가 얼마나 보잘것없는지를 알기에 오싹하게 된다. 그리고 대수롭지 않아 보이는 일에서조차 주님께 충실하도록 스스로에게 요구하게 된다. 주님과 더 결합하는 데 도움이 되지 않는다면, 나는 그 일들을 원하지 않기 때문이다!

344   그대가 적어 보낸 충성에 관한 이 생각은 악마가 일삼아 반복하게 하는 역사의 수많은 순간에 매우 적절한 것 같았다. "제 마음과 머리와 입술에 하루 종일 이 화살기도를 담고 있습니다. 로마!"

345   위대한 발견이다! 그대가 일부만 이해하던 것을 다른 사람에게 설명했을 때 그 내용이 매우 명확해진 것이다.

자신이 쓸모없다고 생각하고 누구에게도 짐이 되고 싶지 않아 상심하던 누군가와 그대는 천천히 이야기를 나눠야 했다…. 그때 그대는 내가 왜 물레방아를 돌리는 어린 당나귀가 되야 한다고 늘 말하는지를 어느 때보다 잘 이해했다. 충실하게, 꽃과 열매와 정원의 신선함 같은 결과를 직접 보거나 맛보지 않도록 커다란 가리개를 한 채, 우리 충실성의 열매를 확신하면서 말이다.

346 충성심은 배움에 대한 갈망으로 이어진다. 그대는 진정으로 사랑하기 때문에 자신이 무지로 인해 진리와 맞지 않는 기준이나 입장을 퍼뜨리거나 옹호할까 봐 두려워하기 때문이다.

347 그대는 내게 이렇게 썼다. "제가 신부님의 기쁨과 작은 쉼터가 되어드릴 정도로 제 충성과 충실성이 확고하고 영원하며, 제 섬김이 깨어있고 사랑에 차 있길 바랍니다."
나는 답했다. "하느님께서 네 결심을 확고히 해 주시어, 우리가 그분께 도움과 쉼터가 되어드릴 수 있기를 빈다."

348 열정에 차 있던 이들 가운데 몇몇이 나중에 떠난다는 것은 사실이다…. 걱정 말라. 그들은 하느님께서 실을 꿰는 데 사용하는 바늘이다.
아, 그리고 그들을 위해 기도하라! 어쩌면 그들이 계속 다른 사람들을 움직이게 할 수 있기 때문이다.

349 주저하는 그대를 위해 한 편지의 내용을 옮겨 쓴다. "아마도 저는 앞으로도 계속 평소의 무능한 도구로 남아 있을 것입니다. 그렇지만 제 인생의 문제에 대한 규정과 해결책은 바뀌었을 겁니다. 저에게 영원히 충실하고자 하는 확고한 열망이 있기 때문입니다."
그분은 결코 저버리지 않으심을 평생 의심치 말라.

350 그대의 삶은 섬김이다. 그러나 언제나 조건 없이 충성을 다하는 섬김이다. 그래야만 주님께서 기대하시는 성과를 낼 것이다.

351 자신의 생각과 생활에서 교회에 대한 섬김을 지위상승과 동일시하는 의견에 나는 행동이나 법 그 어떤 측면에서도 평생 동조하지 않을 것이다.

352 그대는 그리스도의 십자가에 대해 말하는 기술을 오로지 높아지거나 어떤 지위에 오르기 위해 사용하는 사람들을 보며 가슴 아파한다…. 그들은 자신들의 특정한 기준에 부합하지 않으면 뭐든 깨끗하지 않다고 생각하는 바로 그 사람들이다.
이는 올바른 의도에 인내하며 스승님께, "non mea voluntas, sed tua fiat!"[55] "주님, 사랑으로 당신의 거룩한 뜻을 이루게 하소서!"라고 거듭 청할 힘을 얻어야 할 또 하나의 이유다.

353 교회와 교황과 성좌에 대한 그대의 충성심은 날마다 더욱 신학적인 사랑으로 자라야 한다!

354 교회를 사랑하려는 그대의 열망은 크다. 특히 교회를 훼손하려는 자들이 꿈틀거릴수록 말이다. 내게는 그것이

---

55 루카 22,42: "그러나 제 뜻이 아니라 아버지의 뜻이 이루어지게 하십시오."

지극히 당연해 보인다. 교회는 그대의 어머니이기 때문이다.

355 　신앙이 교회와 영혼들에 대한 봉사를 요구한다는 것을 이해하고 싶어 하지 않는 사람들은 언젠가 순서를 뒤집어서 개인의 목적을 위해 교회와 영혼들을 사용하고 만다.

356 　그리스도의 신비체를 그 구성원 한 명의 특정 사적 또는 공적 태도와 동일시하는 오류에 절대 빠지지 않기를 바란다.
또한 교의교육이 부족한 사람들이 그대 때문에 그런 오류에 빠지지 않기를 빈다.
그대의 일관성과 충성이 이토록 중요한 것이다!

357 　도덕과 신앙을 얘기하면서 그대가 독립된 가톨릭 신자라고 자칭할 때, 나는 이해하기 어렵다.
누구로부터의 독립인가? 그런 거짓 독립은 그리스도의 길에서 벗어나는 것과 같다.

358 　교회 교리에 있어서는 절대로 양보하지 말라. 합금을 할 때 가장 좋은 금속이 손해보는 법이다. 게다가 그 보화는 그대 것이 아니다. 그리고 복음이 전하듯이, 주인은 그대가 전혀 예상치 못할 때 책임을 물을 수 있다.

359 성사생활을 하고, 다른 사람 눈에는 심지어 독실해 보이며, 어쩌면 진심으로 확신에 찬 가톨릭 신자 중에 교회의 적을 순진하게 돕는 이들이 있다는 점에 그대와 동의한다.
잘 못 사용된 여러가지 이름—에큐메니즘, 다원주의, 민주주의—을 달고 최악의 적인 무지가 그들 집에 비집고 들어온 것이다.

360 아이러니하지만 교회의 자녀라고 자처하는 이들이 가장 큰 혼란을 일으킬 때가 종종 있다.

361 그대는 싸움에 지쳤다. 충성심이 없는 환경이 역겨운 것이다…. 넘어진 자를 짓밟기 위해 너나 할 것 없이 달려드니 말이다!
그대가 왜 놀라는지 모르겠다. 예수 그리스도께도 같은 일이 일어났지만 그분은 물러서지 않으셨다. 바로 병자와 그분을 이해하지 못하는 사람들을 구하기 위해 오셨기 때문이다.

362 불충실한 이들은 충성하는 이들이 활동하지 않기를 열망한다.

363 충성스러운 협력에 반대하는 종파주의에서 벗어나라.

364 새로운 분열을 만들면서 참다운 일치를 도모할 수는 없다…. 그 주최자들이 합법적 권위를 대체하여 리더십을

장악하려 할 때는 더욱 그렇다.

365 "나는 내 혈관 속에 알렉산더 대왕의 피도, 샤를마뉴 황제의 피도, 그리스의 일곱 현자의 피도 아닌 내 어머니 교회의 피가 흐르기를 원한다."라는 말을 듣고 그대는 깊은 생각에 빠졌다.

366 인내한다는 것은 "per Ipsum, et cum Ipso, et in Ipso"[56] 사랑안에 남아있는 것이다. 이를 그분이! '나와 함께, 나를 통해, 그리고 내 안에서'라고 해석할 수도 있다.

367 가톨릭 신자들 가운데 그리스도교적 정신이 약하거나 특정 상황에서 그들을 상대하는 사람들에게 그런 인상을 주는 이들이 간혹 있다.
그러나 만약 그대가 이런 현실에 걸려 넘어진다면, 인간의 나약함과 자신의 나약함을 잘 모른다는 사실을 드러내는 꼴이 될 것이다. 게다가 소수의 약점을 빌미로 그리스도와 그분의 교회를 비방하는 것은 정의롭지도 충성스럽지도 않다.

368 우리 하느님의 자녀는 돋보이려고 주님을 섬겨서는 안 된다…. 그러나 드러난다는 것에 신경 쓸 필요는 없고, 드러난다고 의무를 다하지 않으면 더욱 안된다!

---

56 로마식 미사 전례의 감사기도 중: "그분을 통하여 그분과 함께 그분 안에서."

369 이천 년이 흘렀지만 그 장면은 매일 반복된다. 스승님을 여전히 심판하고 매질하고 십자가에 못 박는다…. 그리고 많은 가톨릭 신자들은 말과 행동으로 계속해서 외친다. "저 사람? 누군지 모릅니다!"

나는 온 세상을 돌아다니며 많은 사람들, 한사람 한사람에게 일깨워 주고 싶다. 하느님은 자비로우시고, 또한 정의로우시다! 그래서 확실하게 선언하셨다. "누구든지 사람들 앞에서 나를 모른다고 하면, 나도… 그를 모른다고 할 것이다."[57]

370 나는 늘 누군가가 남의 눈치 때문에 충실하지 못하다면 사랑과 성격이 약해서라고 생각해 왔다.

371 성모님께 눈을 돌려 그분이 충성심을 어떻게 실천하는지 묵상하라. 복음서에 따르면 엘리사벳에게 마리아가 필요할 때 마리아는 "cum festinatione"[58], 기뻐하며 서둘러 갔다. 그분에게서 배워라!

---

57 마태 10,33.
58 루카 1,36.

질서

372   온유하게 순종하기. 그러나 지도자에 대한 비판과는 거리가 먼 현명함과 사랑과 책임을 곁들인 순종이길.

373   사도직에서는 지시하는 사람의 인간적 조건이나 지시 방식과 무관하게 순종하라. 그렇지 않으면 미덕이 아니다.
십자가는 많다. 반짝이, 진주, 에메랄드, 에나멜, 상아 등으로 만든 것과 우리 주님의 십자가처럼 나무로 만든 것이 있다. 모든 십자가가 인간이 되신 하느님의 희생을 우리에게 말해주기 때문에 다 똑같이 공경받을 자격이 있다. 이 생각을 그대 순종에 적용하라. 주님께서 주저 없이 십자 나무를 사랑으로 끌어안으시고 그곳에서 우리 구속을 이루셨음을 염두에 두면서 말이다.
올바른 지향의 표시인 순종을 한 후에야 필요한 요건을 갖추어 형제적 교훈을[59] 주면, 이 의무 수행을 통해 그대는 일치를 강화할 것이다.

374   입술과 마음과 정신으로 순종한다. 사람이 아니라 하느님께 순종한다.

---

59 이 표현은 마태 18,15의 잘못을 저지른 형제자매를 타이를 의무를 가리키는 표현이다.

375   지시를 진정으로 사랑하지 않는다면, 지시의 내용을 사랑하지 않는다면, 순종을 사랑하지 않는 것이다.

376   많은 어려움은 금방 해결된다. 어떤 어려움은 그렇게 안 된다. 그러나 우리가 충실하면, 곧 순종하고 지시를 따른다면, 모든 어려움이 해결될 것이다.

377   주님은 배 오른편에서 153마리 큰 물고기를 잡은 것처럼 구체적인 사도직을 그대에게서 원하신다.
그러면 그대는 내게 묻는다. "제가 사람을 낚는 어부라는 것을 알고, 많은 동료를 만나며 살고, 제 구체적인 사도직이 누구에게 향해야 하는지 구별할 수 있는데, 왜 고기를 잡지 못합니까? 사랑이 부족합니까? 내적 생활이 부족합니까?"
다른 고기잡이 기적의 장면에서 베드로의 답변을 들어라. "스승님, 저희가 밤새도록 애썼지만 한 마리도 잡지 못하였습니다. 그러나 스승님의 말씀대로 제가 그물을 내리겠습니다."[60]
예수 그리스도의 이름으로 다시 시작하라. 힘을 얻고, 태만을 이겨내라!

378   쓸데없는 고민 없이 순종하라…. 지시 앞에서 슬픔이나 주저함을 보이는 것은 매우 큰 잘못이다. 그러나 그것을 느끼는 것은 잘못이 아닐 뿐만 아니라 큰 승리, 영웅적 미덕을 완

---

60   루카 5,5.

성할 기회가 될 수 있다.

내가 지어낸 말이 아니다. 기억하는가? 복음은 한 가장이 두 아들에게 같은 임무를 주었다고 이야기한다…. 그리고 예수님은 어려움에도 불구하고 그 임무를 완수하는 사람을 보고 기뻐하신다. 질서는 사랑의 열매이기 때문이다.

379   대부분의 불순종은 지시를 '듣지' 못하는 데서 비롯되고 이는 결국 겸손이나 섬기고자 하는 마음의 부족이다.

380   온전히 순종하기를 원하느냐? 그렇다면 지시의 범위와 정신을 이해하기 위해 귀 기울여 듣고, 이해가 안 되는 부분이 있으면 질문하라.

381   언제쯤 순종해야겠다는 확신을 굳힐 예정이냐? 그리고 생활 계획을 따르는 대신 시간을 낭비한다면 불순종하는 것이다. 그대는 일 분도 빠짐없이 모든 시간을 일, 공부, 선교, 내적 생활로 채워야 한다.

382   교회가 전례의 보살핌을 통해 우리가 신앙의 신비들의 아름다움을 직감하고 더 잘 사랑하도록 이끌어 주는 것처럼, 우리는 하느님의 뜻을 전해주는 지도자를 향해 겉으로도 깊은 존경에서 비롯된 특정 예의를 차려야 한다.

383 통솔할 때는 공동선을 생각한 후, 종교에서나 시민사회 영역에서나 하나의 규칙이 모두를 만족시킬 수 없다는 점을 고려할 필요가 있다.
"비는 모두의 입맛에 맞춰 내리지 않는다."라는 속담이 있다. 그러나 이것은 법의 결함이 아니라 소수의 자존심이나 이기심의 부당한 반란이라는 점을 의심치 말라.

384 질서, 권위, 규율…. 그들은 듣고 ―실제로 듣는다면!― 냉소적인 미소를 지으며 자신의 자유를 지킨다고 주장한다.
나중에 우리가 그들의 그릇된 선택을 존중하거나 수용하기를 기대하는 바로 그 사람들이다. 그들의 매너가 ―그 항의의 천박함이란!― 다른 사람들의 진정한 자유에 의해 받아들여지지 않는다는, 받아들여질 수 없다는! 점을 이해하지 못한다.

385 영적 직무를 다스리는 사람들은 인간의 모든 것에 관심을 기울여야 한다. 그것들을 초자연적인 차원으로 끌어올리고 신성화하기 위해서다.
만약 신성화할 수 없는 것이라면, 속지 말라. 그것은 인간적이지 않고, 이성적 피조물에 합당하지 않은 '동물적'인 것이다.

386 권위. 윗사람이 아랫사람에게 큰소리치고 아랫사람도 그 아랫사람에게 그러는 것이 아니다.

권위의 흉내뿐인 이 모습은 사랑과 예의에 명백하게 어긋남은 물론, 윗사람이 아랫사람들에게서 점점 멀어지는 결과만 초래한다. 그가 그들을 섬기지 않고 오히려 이용하기 때문이다!

387 자기 집안도 제대로 관리하지 못하면서 다른 사람 집안 일에 참견하려는 그런 사람이 되지 말라.

388 그대는 정말로 권위있는 자리에 있기 때문에 모든 것을 다 '알고' 있다고 생각하는가?
잘 들어라. 훌륭한 리더는 다른 사람에게서 배울 수 있고, 배워야 한다는 것을 '알고' 있다.

389 나는 양심에 대한 자유에는 반대한다! 자신의 내밀한 지시에 반하는 행동을 허락하는 이 통탄할 오류가 나라와 개인에게 끼친 악이 얼마나 큰가?
내면의 명령을 따라야 할 의무를 의미하는 '양심의 자유'는 옳다…. 물론 진지한 양성을 받은 후에 말이다!

390 다스림은 괴롭힘이 아니다.

391 직책을 맡고 있는 그대에게: 깊이 생각해 보라. 강력하고 효과적인 도구도 잘못 다루면 찌그러지고 닳아서 쓸모 없어진다.

392 한 사람이 가볍게 내린 결정들은 항상, 혹은 거의 항상, 문제들에 대한 일방적 시각의 영향을 받는다.
그대의 준비와 재능이 아무리 뛰어나더라도 지도자적 임무를 같이 맡은 사람들의 말에 귀 기울여야 한다.

393 익명의 고발에 절대 귀 기울이지 말라. 그것은 사악한 자들의 수법이다.

394 좋은 통솔을 위한 기준. 인적 자원을 있는 그대로 받아들이고 절대로 경멸하지 않으며 개선되도록 도와야 한다.

395 아랫사람들에 대한 깊은 관심을 키우려고 매일 노력하는 것은 참 좋다고 생각한다. 책임자가 애정 어린 이해로 감싸고 그들이 보호받음을 느끼는 것이 그대가 섬겨야 하는 사람들에게 필요한 효과적 치료법일 수 있기 때문이다.

396 직책을 가진 일부 사람들이 문제를 연구하지도 않고 경솔하게 판단하고 말하며, 전혀 모르는 사람이나 주제에 관해 강경한 발언을 하고 심지어 불성실의 열매인 '경계'까지 허용하는 것을 보면 너무 안타깝다!

397 권위가 독재적 권위주의가 되고 이런 상황이 장기화하면, 역사의 연속성이 상실되고, 통치자들은 죽거나 늙

고, 지도 경험이 없는 사람들이 중년이 되고, 경험 없고 흥분한 젊은 층이 권위를 장악하려 한다. 얼마나 개탄스러운 일인가! 그리고 권위를 이렇게 악용한 자들이 자신과 다른 이들이 저지른 많은 죄에 대해 져야 할 책임은 얼마나 큰가!

398 윗사람이 부정적이고 의심이 많으면 쉽게 폭정에 빠진다.

399 관리 업무에서는 객관적으로 보려고 노력해야 한다. 잘 안 되는 일, 실수부터 보거나 심지어 그것들만 보는 이들의 경향을 피하라.
주님께서 모두에게 바로 자신의 결점과의 싸움에서 성인이 될 수 있는 능력을 주셨다는 확신으로 기뻐하라.

400 새로움에 대한 열망은 잘못된 통솔로 이어질 수 있다. "새로운 규정이 필요하다."라고 그대는 말한다. 인체가 다른 신경과 혈관 조직으로 개선될 것으로 생각하는가?

401 집단화를 쫓는 몇몇의 열중이란! 그들은 일치를 특색 없는 획일성으로 바꾸고 자유를 억압한다.
지체는 각각의 고유한 기능으로 전신의 건강에 기여한다. 그들은 이런 신성한 분화로 이뤄진 인체의 탁월한 통일성을 무시하는 듯하다.

하느님은 모두가 똑같기를 원하시거나 모두가 같은 길을 따라 같은 방식으로 걸어가기를 원하시지 않는다.

402 준비를 과장하지 않으며 일하는 방법을 사람들에게 알려야 한다. '실행하는 것'도 배움이기 때문이다. 피할 수 없는 불완전함을 미리 받아들이는 방법 또한 가르쳐야 한다. 최고는 선의 적이다.[61]

403 절대 조직에만 의존하지 말라.

404 착한 목자는 양들에게 겁줄 필요가 없다. 그러한 행동은 나쁜 관리자의 전형적 행동이다. 그래서 그들이 미움받고 외로워진다는 사실에 아무도 놀라지 않는다.

405 통솔이란 종종 인내와 애정을 가지고 사람들을 '이끌어 가는' 요령이다.

406 좋은 통솔은 필요한 유연성을 무시하지 않으면서도 느슨함에 빠지지 않는다.

---

61 프랑스 사상가 볼테르 (1694-1778)의 말. 최선을 추구하다가 오히려 선을 망칠 수 있다는 뜻.

407 "내게 죄를 강요하지 않는 한!" 강력한 적들에 의해 개인의 삶은 물론 인간적 및 그리스도적 야망에서 거의 전멸된 불쌍한 자의 강직한 말이었다.
묵상하고 배워라. 그들이 그대를 죄짓게 하지 않는 한!

408 모든 시민이 정규 군대에 있는 것은 아니다. 그러나 전시에는 모두가 참여한다…. 주님은 말씀하셨다. "나는 평화를 주러 오지 않고 분열을 일으키러 왔다."[62]

409 그는 이렇게 썼다. "나는 게릴라였고 산속을 돌아다니며 총을 쏘고 싶을 때마다 쏘아댔다. 하지만 전쟁은 조직적이고 질서 있는 군대가 더 쉽게 이긴다는 것을 깨달아서 군인으로 입대했다. 별 볼 일 없는 고립된 게릴라가 도시 전체를 점령하거나 세계를 점령할 수는 없기 때문이다. 나는 낡아빠진 구식 소총을 걸어놓고 이제는 더 잘 무장하고 있다. 동시에 더 이상 산속 나무 그늘에 누워 혼자서 전쟁에 이긴다는 꿈을 꿀 수 없다는 것을 안다."
복되어라, 거룩한 어머니 교회의 질서와 일치!

410 반항적인 많은 가톨릭신자에게 알리고 싶다. 질서와 정당한 권위에 대한 순종을 고수하는 대신 어떤 당파, 작은 파벌, 불화의 벌레, 음모와 뒷담화, 어리석은 사적 경쟁의 조장

---

62 루카 12,51 참조.

자, 시샘과 위기의 제조자가 된 이들은 자신의 의무이행에 실패했다고 말이다.

411 잔잔한 바람은 태풍과는 다르다. 전자의 경우, 누구나 저항할 수 있다. 그것은 어린이 놀이, 투쟁의 모방이다. 작은 반대, 부족함, 사소한 걱정거리…. 그대는 그것들을 기꺼이 짊어졌고, 이런 생각으로 내적 기쁨을 느꼈다. "드디어 하느님을 위해 일하고 있구나. 우리에게 십자가가 있으니 말이다!"
그러나 불쌍한 나의 자녀여, 태풍이 불었고 그대는 흔들림과 백년 된 나무를 뿌리 뽑을 수 있는 타격을 겉과 마음속에서 느꼈다…. 신뢰하라! '머리'에서 멀어지지 않는다면, 일치를 느낀다면, 그대 믿음과 사랑은 뿌리 뽑히지 않을 것이며, 그대는 길을 잃지 않을 것이다.

412 그대는 생활 계획을 얼마나 쉽게 소홀히 하거나 하지 않는 것만 못 하게 하는가! 그런 식으로 그대 길을 점점 더 사랑하고 이 사랑을 다른 사람들에게 전하고 싶은 건가?

413 오직 한 가지 권리, 즉 그대 의무를 완수하는 권리만을 열망하라.

414 그 짐이 무겁다고? 아니다, 천만번 아니다! 그대가 기꺼이 받아들인 그 의무는 그대를 천박한 정열의 수렁에서

날아오르게 하는 날개다.

새들이 자기 날개의 무게를 느끼는가? 그 날개를 잘라 저울에 올려놓으면 무겁다! 하지만 날개가 잘린 새가 날 수 있겠는가? 새는 그런 날개가 필요하다. 그리고 그 날개가 그들을 다른 피조물들 위로 들어 높여 주기 때문에 새는 그 무거움을 느끼지 못한다.

그대의 '날개'도 무겁다! 그러나 그것들이 없다면 그대는 가장 더러운 늪에 빠질 것이다.

415 "그의 어머니는 이 모든 일을 마음속에 간직하였다."[63]
깨끗하고 신실한 사랑이 중재하면, 질서는 사랑하는 주님과 일치시키기 때문에 힘들더라도 무겁지 않다.

---

63 루카 2,51.

성격

416 　주님은 평범한 정도와 타협하지 않고 모든 환경에 확실한 발걸음으로 침투하는 강하고 담대한 영혼을 필요로 하신다.

417 　침착하고 균형 잡힌 성격, 꺾이지 않는 의지, 깊은 신앙과 열렬한 신심. 하느님 자녀에게 없어서는 안 되는 특성들이다.

418 　주님은 돌에서도 아브라함의 자녀를 낳을 수 있다…. 그러나 그 돌이 쓸모없는 돌이 아니도록 해야 한다. 단단한 돌은 비록 볼품이 없더라도 쉽게 가공될 수 있다.

419 　사도는 어중간한 수준에 머물러서는 안 된다. 하느님은 그를 인간성과 영원한 새로움의 전달자로 행동하도록 부르신다. 그 이유로 사도는 인내심을 갖고 훌륭하게 오랫동안 다듬어진 영혼이어야 한다.

420 　"저는 매일 제 안에서 새로운 것을 발견합니다." 그대가 말한다…. 그리고 나는 대답한다. "이제 자신을 알기 시

작한거군."
정말로 사랑하면… 더욱 더 사랑할 새로운 방법들을 계속 찾아낸다.

421 누가 사회 생활에서 가톨릭 신자들을 보고 그들이 소극적이고 소심하게 활동한다는 결론을 내린다면 이는 유감스러운 일일 것이다.
우리 스승님은 "perfectus Homo", 완전한 인간이셨고 여전히 그러시다는 것을 절대 잊으면 안된다.

422 주님께서 그대에게 좋은 자질이나 재능을 주셨다면, 그것을 혼자 누리거나 과시하라고 그러신 것이 아니라 이웃을 섬기기 위해 사랑으로 펼치라고 그런 것이다.
그대와 같은 이상을 공유하는 수많은 사람과 함께 생활하는 지금보다 더 좋은 섬길 기회를 언제 다시 찾을 수 있겠는가?

423 물질주의적이고 쾌락주의적이며 신앙이 없는 이 세상의 압력과 영향에 맞서, '그들'처럼 생각하지 않고 행동하지 않을 자유를 어떻게 요구하고 정당화할 수 있을까?
하느님의 자녀는 그 자유를 요청할 필요가 없다. 그리스도께서 우리를 위해 단번에 그 자유를 얻어 주셨기 때문이다. 그러나 어떤 환경에서도 그 자유를 지키고 드러내야 한다. 그래야만 '그들'이 우리 자유가 환경에 얽매이지 않음을 깨달을 것이다.

424 그대 친척과 동료와 친구들은 그대의 변화를 알아차리고, 이는 일시적인 전환이 아니며 그대는 이전의 그대가 아님을 깨달았다.

걱정 말고 앞으로 나아가라! "Vivit vero in me Christus"[64] 라는 말씀이 이뤄지고 있다. 이제 그대 안에 그리스도가 사시는 것이다.

425 그대에게 거절할 줄 아는 이들을 아껴라. 또한 그 거절의 이유를 설명해 달라고 하라. 배우거나… 고치기 위해서다.

426 그대는 한때 비관적이고 우유부단하며 냉담했다. 이제 그대는 완전히 바뀌었다. 용감하고 낙천적이고 자신감을 느낀다. 마침내 하느님께만 의지하겠다고 결심했기 때문이다.

427 인간적 미덕은 훌륭하지만, 초자연적 관점이 전혀 없는 사람의 상황은 참 안타깝다. 그는 너무 쉽게 그 미덕을 개인의 목적에만 사용할 것이기 때문이다. 묵상하라.

428 가톨릭, 보편 사고를 형성하고자 하는 그대를 위해, 몇 가지 특징들을 적는다.

-폭넓은 시야 그리고 가톨릭 정통에서 영구히 살아 있는 내용들에 대한 활기찬 통찰;

---

64 갈라 2,20: "그리스도께서 내 안에 사시는 것입니다."

-철학과 역사 해석에서 전통 사상의 전형적 가르침을 새롭게 하려는 바르고 건강한 ―경망스럽지 않은― 갈망;
-현대 과학과 사상 동향에 대한 세심한 주의;
-현대 사회구조와 생활방식 변화에 대한 긍정적이고 개방적 태도.

429 필요할 때는 다른 사람들과 선의로, 기분 나쁘지 않게, 의견을 달리하는 법을 배워야 한다.

430 하느님의 은총과 적절한 준비를 통해 그대는 거친 사람들 사이에서 자신을 설명할 수 있을 것이다. 그들이 그대에게 '방언의 은사', 즉 그들을 이해시키는 능력과 노력이 부족하면, 그대를 따르기가 어려울 것이다.

431 예의는 항상 모두에게 갖춰라. 그러나 특히 적대자로 보이는 사람들을 실수에서 벗어나게 하려고 노력할 때 ―그대는 적을 두지 말라― 그렇게 하여라.

432 버릇없는 아이를 보고 안타까움을 느끼지 않는가? 그렇다면, 그대 자신을 그토록 잘 대해주지 말라. 그대가 약골이 되리라는 것을 모르는가?
게다가 향기가 가장 달콤한 꽃들은 야외에서 비와 가뭄에 노출된 야생화임을 모르는가?

433 그가 높은 자리까지 갈 인물이라던데, 장차 맡을 책임이 두려워진다. 그에게서 이타적 행위, 적당한 말 혹은 유익한 글 하나를 본 사람이 없다. 그는 부정적인 삶에 속하는 사람이다. 그는 언제나 깊은 생각에 잠긴 것 같은 인상을 주지만, 생각다운 생각을 키운 적이 없다는 것이 알려진 사실이다.
그의 얼굴과 태도에는 노새의 근엄함이 묻어나 있어 신중한 사람이라는 평판을 얻고 있다….
"그가 높은 자리까지 갈 것이다!" 그러나 나는 자문해 본다. 우리가 그가 달라지도록 돕지 않는다면 그는 남들에게 무엇을 가르치고, 어떻게 무엇으로 도움이 될 수 있을까?

434 현학자는 배운 자의 단순함과 겸손을 무지로 해석한다.

435 지시를 받는 즉시 그 지시를 어떻게 바꿀지를 생각하는 그런 사람이 되지 말라. 그런 사람들은 '개성'이 너무 풍부한 나머지 분열이나 파멸을 일으킨다.

436 경험, 너무 많은 세상에 관한 지식, 행간을 읽는 능력, 과도한 통찰력, 비판 정신. 그대를 일과 사회생활에서 냉소적으로 할 정도로 너무 멀리 나가게 한 그 모든 것들, 초자연적 정신 부족인 그 모든 '지나친 현실주의'는 그대의 내적 생활마저 침입했다. 그대는 단순하지 못해서 때때로 차갑고 잔인해졌다.

437 그대는 마음이 착하지만, 자신이 마키아벨리라고 착각한다. 천국에는 피곤한 모략가가 아니라 정직하고 선한 사람이 들어간다는 것을 기억하라.

438 그대의 좋은 유머는 감탄할 만하다…. 그러나 모든, 진짜 모든 것을 농담으로 받아들이는 것은 너무 멀리 나아가는 것임을 인정하라. 현실은 상당히 다르다. 자신의 것들을 진지하게 받아들이려는 의지가 부족하기에, 그대보다 더 나은 다른 이들을 놀려댐으로써 자신을 정당화하는 것이다.

439 그대의 영리함을 부인하지는 않는다. 그러나 그대의 무질서한 열정은 그대를 바보처럼 행동하게 만든다.

440 그대 성격의 그 기복! 그대의 건반이 망가졌다. 고음과 저음은 잘 내지만 중간 음, 일상의 음, 다른 사람들이 평소 듣는 음은 내지 않는다.

441 이 사건에서 배워라. 나는 중대한 시간에 학식이 풍부하고 고상하고 올곧은 어떤 분에게 그가 '선량한' 사람들이 공박하는 저 거룩한 대의를 지킨 대가로 자신의 분야에서 높은 지위를 잃을 수 있다고 언급했다. 그는 세상의 명예를 경멸하는, 인간적이고 초자연적인 진지함이 잔뜩 묻어난 목소리로 내게 답했다. "내 영혼이 걸려 있다."

442 다이아몬드는 다이아몬드로 다듬고, 영혼들은 영혼들로 다듬는다.

443 "하늘에 큰 표징이 나타났습니다. 태양을 입고 발밑에 달을 두고 머리에 열두 개 별로 된 관을 쓴 여인이 나타난 것입니다."[65] 은총에 부응하는 것만큼 우리 성품을 완전하게 하는 것이 없다는 사실을 그대와 나와 모든 사람이 확신하게 하는 글이다.
동정 마리아를 닮으려고 노력하면 그대는 완전한 사람이 될 것이다.

---

65 묵시 12,1.

기도

444 우리의 의무는 의식하면서, 우리에게 영혼이 있다는 사실을 잊은 채 하루를 흘려보낼 것인가?
매일 묵상은 길에서 벗어나지 않도록 끊임없이 방향을 바로잡는 곳이다.

445 기도를 그만두면, 처음에는 영적 예비품으로 살다가 나중에는 속임수로 살게 된다.

446 묵상. 정해진 시간에, 정해진 시간 동안. 그러지 않으면 우리 편리에 맞춰질 것이고 고행이 빠질 것이다. 그리고 고행 없는 기도는 효과가 없다.

447 그대에게 내적 생활이 부족하다. 기도중에 그대 사람들의 걱정거리나 전교를 생각하지 않고, 명확하게 보고 구체적인 결심을 하고 그것을 실천하기 위해 노력하지 않고, 공부나 일 또는 대화 가운데, 그리고 사람들을 상대할 때, 초자연적 전망이 없기 때문이다….
기도의 결과이자 표현인 하느님의 현존을 얼마나 의식하고 있는가?

448 못했다고? 시간이 없어서? 시간은 있다. 게다가 주님 면전에서 묵상하며 정리하지 못한 그대 행보는 어떨까? 하느님과의 대화 없이 어떻게 하루의 일을 완벽하게 마무리할 수 있겠느냐? 보라, 마치 가르치느라 바쁜 나머지 공부할 시간이 없다고 주장하는 것과 같다. 공부 없이는 좋은 수업을 할 수 없다.
기도는 다른 모든 것보다 우선이다. 이것을 이해하고도 실천하지 않는다면 시간이 부족하다고 말하지 마라. 그냥 하고 싶지 않은 것이다!

449 기도하라, 더 많이 기도하라! 시험기간이고 일이 더 많은 지금, 말이 안 되는 것 같겠지만… 그대에게 기도가 필요하다. 평소의 신심 기도뿐만 아니라 틈틈이, 막간을 이용해서, 쓸데없는 생각에 빠지는 대신에 말이다.
노력해도 집중이 안된다 하더라도 괜찮다. 아주 편하게 기도실에서 한 것보다 이 묵상이 훨씬 더 값질 수 있다.

450 여기에 하느님의 현존에 이르기 위한 효과적인 습관이 있다. 날마다 첫 번째 만남은 예수 그리스도와 갖는 것이다.

451 기도는 수사들의 특권이 아니라, 그리스도인들, 자신이 하느님의 자녀임을 아는 세상 모든 남녀의 의무다.

452 그대는 물론 그대의 길을 따라야 한다. 행동의 길, 그러나 관상가의 소명을 지닌 사람의 길.

453 기도하지 않는 가톨릭 신자? 그것은 무기 없는 군인과 같다.

454 "필요한 것은 한 가지뿐이다."[66]라는 말씀을 이해하게 해주심으로써 그대에게 엄청난 은사를 주신 주님께 감사하라. 그리고 그 감사와 함께 아직 주님을 모르거나 이해하지 못한 이들을 위한 청원기도를 하루도 빠트리지 말라.

455 그들이 그대를 '낚으려' 할 때, 그대는 그들의 힘과 모든 것을 태우는 불이 어디서 나오는지 궁금해하곤 했다. 기도하는 지금, 그대는 바로 그것이 하느님의 참 자녀들 주변에서 솟구치는 샘물이라는 것을 깨달았다.

456 그대는 묵상을 하찮게 여긴다…. 두려워하는 것은 아닌가? 차마 그리스도와 마주 보며 말씀 나눌 자신이 없는 것은 아닌가? 익명을 추구하는 것은 아닌가?
보이듯이, 이 도구를 '하찮게 여기는' 방식은 많다. 묵상한다고 말하면서도 말이다.

---

66   루카 10,42.

457　기도는 거룩한 친밀함과 확고한 결단의 시간이다.

458　"주님, 저를 버리지 마소서, 제 발을 잡아당기는 '다른 사람'이 있는 것이 보이지 않으십니까?"라는 저 사람의 기도는 참으로 일리가 있다!

459　"주님께서 제 영혼을 다시 불타오르게 하실까요?" 그대의 머리는, 그리고 희망일지도 모르는 먼 소원의 깊은 힘은 그렇게 될 거라고 확신한다…. 반면, 마음과 의지는 —전자는 남아돌고 후자는 부족하다— 무력하고 경직된 우울함으로 모든 것을 물들인다, 오만상, 쓰디쓴 조롱처럼.
성령의 약속에 귀 기울여라. "조금만 더 있으면 올 이가 오리라. 지체하지 않으리라…. 의인은 믿음으로 살리라."[67]

460　참된 기도, 즉 개인을 온전히 몰두하게 하는 기도는 사막의 고독보다 내적 몰입에서 힘을 받는다.

461　우리는 해 질 무렵 들판에서 오후 기도를 했다. 모르는 구경꾼에게는 우리의 모습이 다소 특이해 보였을 것이다. 우리는 땅바닥에 앉은 채, 묵상 글을 읽는 소리로만 이따금 끊기는 침묵 속에 있었다.
그 열린 하늘 아래에서 우리 일행과 교회와 영혼들을 위해 '힘주

67　히브 10,37-38.

며' 바친 이 기도는 하늘을 기쁘게 하고 풍부한 결실을 거두었다. 하느님과의 이런 만남에는 어떤 장소든 적합하다.

462 기도할 때 먼 거리를 여행하는 그대의 습관이 마음에 든다. 그대는 지금 걷는 땅이 아닌 곳을 바라보고, 눈앞에는 다른 인종의 사람들이 지나가며, 다른 언어를 듣는다…. 마치 "euntes docete omnes gentes", "가서 모든 민족들을 가르쳐라."[68] 하신 예수님 명령의 메아리 같다.

멀리, 더 멀리 가기 위해서는 주변 사람들에게 그 사랑의 불을 전하라. 그러면 그대 꿈과 소망이 현실이 될 것이다. 더 빨리, 더 많이 그리고 더 좋게!

463 기도는 때때로 지적일 것이고, 가끔은 열정으로 충만할 것이고, 자주 메마르고, 메마르고 또 메마를 수 있다. 중요한 것은 하느님의 도우심으로 상심하지 않는 것이다.

경비를 서는 보초병을 생각하라. 그는 왕이나 국가수반이 관저에 있는지, 혹은 무엇을 하고 있는지 모른다. 그리고 다수의 경우 고위 인사들은 누가 자신을 지키고 있는지 모른다.

우리 하느님은 그렇지 않으시다. 그대가 사는 곳에 사시고, 그대를 보살피고 아시며 그대의 마음속 깊은 생각도 아신다…. 기도의 보초임무를 포기하지 말라!

---

68 마태 28,19.

464 그대가 기도를 포기하도록 적이 내세우는 엉뚱한 이유를 살펴보라. "시간이 부족하다." ─계속 시간을 낭비하고 있는 그대다─. "나하고는 맞지 않아." "마음이 건조하다." 기도는 말이나 감정의 문제가 아니라 사랑의 문제다. 그리고 사랑은 주님께 무언가를 말하려고 노력하는 것이다, 아무 말도 하지 않더라도 말이다.

465 "1분의 강렬한 기도. 그것으로 충분하다." 기도해 본 적이 없는 사람의 말이었다.
연인이 사랑하는 사람을 1분 동안 강렬하게 바라보는 것으로 충분하다고 생각할 수 있을까?

466 그리스도의 전투에서 싸워 승리하겠다는 이상은 오직 기도와 희생으로, 믿음과 사랑으로써만 현실이 될 수 있다. 그렇다면, 기도하고 믿으며, 고통을 겪고 사랑하자!

467 고행은 우리를 기도의 성에 들어가게 해주는 연결다리다.

468 낙심하지 말라. 아무리 합당치 않은 사람일지라도, 아무리 불완전한 기도일지라도, 겸손과 인내로 드리는 기도라면 하느님께서 언제나 들으신다.

469 "주님, 저는 악하기 때문에 제 기도를 들어주시기에 가당치 않습니다." 참회하는 한 영혼이 이렇게 기도했다. 그리고 덧붙였다. "하지만… 'quoniam bonus', '주님은 선하시니'[69] 제 기도를 들어주십시오."

470 주님은 제자들을 선교하러 내보내신 후, 돌아온 그들을 한자리에 모아 당신과 함께 한적한 곳으로 가서 쉬라고 초대하신다. 예수님은 그들에게 무엇을 묻고 무슨 말씀을 하셨을까!
복음은 오늘날에도 살아있다.

471 그대가 사도직에 관해 내게 쓴 것을 완벽하게 이해한다. "물리학을 공부하며 세 시간 동안 기도하려 합니다. 도서관 책상 반대편에 있는 자리에 대한 폭격이 될 것입니다. 신부님은 그가 여기 왔을 때 그를 만나신 적이 있습니다."
기도와 일 사이에 연속성이 있어야 한다는 내 말에 그대가 얼마나 기뻐했는지 기억난다.

472 성인들의 통공. 한 젊은 공대생이 이렇게 말했을 때 성인들의 통공을 체험하고 있었다. "신부님은 그날, 그 시간에 저를 위해 기도하고 계셨습니다."
이것이 우리가 영혼들에게 주어야 할 첫째이자 가장 기본적인 도

---

[69] 시편 118,1.

움이다. 바로 기도.

473 아침에 옷을 입을 때 어린아이처럼 소리 내어 기도하는 습관을 들여라. 그러면 하루 종일 하느님의 현존을 더 깊게 느낄 것이다.

474 묵주기도는 지성과 공부를 무기로 사용하는 사람들에게 매우 효과적이다. 성모님께 간청할 때 어린이들이 엄마를 대하는 그 외견상의 단조로움은 허세와 오만의 싹을 파괴하기 때문이다.

475 "원죄 없으신 성모님, 저는 제가 형편없는 놈이며 날마다 제가 하는 것이라곤 죄만 더 쌓아간다는 것을 잘 알고 있습니다." 그대는 성모님께 이렇게 말씀드린다고 지난번에 내게 말했다.
그리고 나는 그대에게 거룩한 묵주기도를 바치라고 자신 있게 조언했다. 내 죄의 단조로움을 정화하는 성모송의 복된 단조로움!

476 묵주기도를 바치지 않는 하나의 애석한 방법은 하루의 마지막 시간으로 미루는 것이다.
그 시간에 묵주기도를 바치면 적어도 성의 없이 바치게 되고 신비를 묵상하지 않게 된다. 이런 식으로는 기계적 반복을 피하기 어렵고, 이는 유일한 신심인 참된 신심을 익사시키고 만다.

477 묵주기도는 성모송을 거듭 중얼거리며 입술로만 바치는 것이 아니다. 그것은 독실한 척하는 이들이 중얼거리는 방식이다. 소리기도는 그리스도인의 마음에 뿌리를 두어, 묵주기도를 드리는 동안 생각은 각 신비로 관상해 들어갈 수 있어야 한다.

478 그대는 늘 묵주기도를 다음으로 미루다가 결국 졸려서 바치지 않고 만다. 시간이 없다면 거리에서 아무도 눈치채지 못하게 바쳐라. 그러면 하느님의 현존을 의식하는 데까지 도움이 될 것이다.

479 "나를 위해 기도해 주시오." 언제나처럼 나는 이렇게 말했다. 그러자 그는 놀라서 대답했다. "무슨 일이 있습니까?"
나는 우리에게는 매 순간 일이 있거나 생긴다고 설명했다. 그리고 기도하지 않으면 "더 무겁고 버거운 일들이 생긴다."라고 덧붙였다.

480 하루 동안 참회 기도를 거듭하라. 사람들은 예수님께 끊임없이 죄짓지만 불행히도 그만큼 속죄하지는 않는다. 그래서 나는 항상 이렇게 말한다. 참회 기도는 많을수록 좋다! 그대의 삶과 조언으로 이 말이 메아리치게 하라.

481 예수 탄생 예고 장면은 얼마나 매혹적인가. 이 장면을 몇 번이나 묵상했는지! 마리아는 기도에 몰입하고, 하느님과 대화할 때 모든 감각과 능력을 쏟는다. 그분은 기도에서 하느님의 뜻을 알고, 기도로써 그 뜻을 당신 삶의 생명으로 삼으신다. 성모님의 모범을 잊지 말라!

일

482 일은 인간의 원래 소명이고 하느님의 축복이다. 그리고 그것을 징벌로 여기는 사람들은 크게 착각하는 것이다. 최고의 아버지이신 주님께서는 첫 인간을 "ut operaretur", "일하도록"[70] 낙원에 두셨다.

483 공부, 일. 어느 그리스도인도 피할 수 없는 의무. 교회의 적들로부터 우리 자신을 지키고, 선한데 고군분투하는 수많은 영혼을 우리의 직업적 명성을 통해 끌어들이는 수단이다. 세상 한가운데서 사도가 되고자 하는 모든 사람에게 가장 기본적 무기다.

484 예수님의 청소년기와 청년기가 그대에게도 모범이 되기를 하느님께 간구한다. 예수님이 성전에서 율법 학자들과 논쟁할 때나 요셉의 작업장에서 일할 때나.

485 예수님의 33년. 30년은 침묵과 어둠, 순종과 일의 시간이었다….

---

70 창세 2,15.

486 저 덩치 큰 청년은 내게 이렇게 썼다. "제 이상은 너무나 커서 오직 바다만이 담을 수 있습니다." 나는 이렇게 대답했다. "그렇다면 저리 '작은' 감실은? 나자렛의 '평범한' 작업장은?"
그분은 일상의 위대함에서 우리를 기다리신다!

487 하느님 앞에서는 어떤 직업도 그 자체로 훌륭하거나 볼품없지 않다. 모든 것은 그것을 행할 때의 사랑에서 그 가치를 얻는다.

488 일을 영웅적으로 함은 모든 업무를 '마무리' 하는 데 있다.

489 나는 다시 한번 강조하고 싶다. 일상적인 그대 일의 단순함에서, 단조로운 매일의 사소한 것들 속에서, 많은 사람들에게 숨겨진 위대함과 새로움의 비밀, 즉 사랑을 발견해야 한다.

490 그대는 이런 생각이 큰 도움이 된다고 내게 말한다. 초기 그리스도인 시대 이래로 얼마나 많은 상인이 성인이 되었을까?
그리고 이는 오늘날에도 가능하다는 것을 보여주고 싶어 한다….
주님은 이런 노력을 하는 그대를 버리지 않을 것이다.

491   그대 또한 그대를 '찌르는' 직업적 소명이 있다. 자, 그 '가시'는 사람들을 낚는 미끼다.
따라서 그대의 의도를 바로잡고 하느님과 영혼들을 섬기기 위해 얻을 수 있는 모든 직업적 명성을 확실히 얻도록 해라. 주님께서는 '이것'도 기대하신다.[71]

492   일을 마치려면, 먼저 시작해야 한다.
당연한 소리 같지만, 그대에게는 그 간단한 결심이 자주 부족하다! 그리고 사탄은 그대의 무기력에 얼마나 기뻐하는가!

493   인간적인 차원에서 아무렇게나 한 일은 성화 될 수 없다. 잘못한 일을 하느님께 바쳐서는 안 되기 때문이다.

494   세부적 사항을 소홀히 함으로써 쉴 사이 없이 일하면서도 완벽한 게으름뱅이의 삶을 살 수 있다.

495   그대는 자신이 주님께 무엇을 드릴 수 있는지 내게 물었다. 나는 그 답변을 두 번 생각할 필요가 없다. 늘 드리던 것을 드리되 주님을 더 많이 생각하고 자신을 덜 생각하게 하는 사랑의 마무리로 그 일을 더 잘 끝내면서 드려라.

---

71   2코린 12,7-8 참조.

496   평범한 그리스도인에게는 늘 시의적절하고 영웅적일 사명이 있다. 온갖 유형의 일, 가장 무관해 보이는 일조차도 거룩한 방식으로 수행하는 것이다.

497   일합시다. 기도가 우리의 최상의 무기임을 잊지 말고 일을 많이 그리고 잘 합시다. 그래서 나는 우리가 세상 한가운데서 자기 일을 기도로 바꾸려고 노력하는 관상적인 영혼들이 되어야 한다고 되풀이한다.

498   그대는 부엌 아궁이 곁에서 내게 편지를 쓴다. 초저녁이고 춥다. 그대 여동생은 —그리스도적 소명의 완전한 실천이라는 신성한 광기를 가장 최근에 발견한 사람— 옆에서 감자껍질을 벗긴다. 겉으로는 그녀가 하는 일이 달라지지 않았다고 그대는 생각한다. 하지만 큰 차이가 있다!
맞는 말이다. 전에는 감자껍질'만' 벗겼지만, 이제는 감자껍질을 벗기면서 성화되고 있다.

499   그대는 '사제적 영혼'이 의미하는 바를 조금씩 이해해 간다고 주장한다. 그대 행위는 그대가 이를 이론적으로만 이해한다는 것을 드러낸다고 답해도 화내지 마라. 매일 똑같은 일이 반복된다. 저녁 시간의 양심 성찰은 소원과 결심투성이고, 아침과 오후 시간에 일하는 동안은 모든 것이 이의제기이고 변명이다.

이런 식으로 "하느님 마음에 드는 영적 제물을 예수 그리스도를 통하여 바치는 거룩한 사제"[72] 직을 실천하고 있는가?

500 일상업무로 돌아왔을 때 그대에게서 불평과 같은 말이 새어 나왔다. "맨날 똑같은 일!"
그리고 나는 그대에게 말했다. "맞다, 늘 똑같은 일이다. 그러나 그대 동료들의 업무와 다름없는 평범한 그 일은 그대에게 애정 어린 같은 말로, 하지만 매일 다른 음조로 드리는, 끊임없는 기도가 되어야 한다."
이 삶의 단조로운 산문을 시로, 영웅적 운문으로 바꾸는 것이 우리의 소명이다.

501 "Stultorum infinitus est numerus" "어리석은 자들의 수는 헤아릴 수 없다."[73]라는 성경 구절이 있는데, 그들의 수는 날로 느는 것 같다. 매우 다양한 지위에서, 정말 뜻밖의 상황에서, 직위와 심지어 '미덕'이 주는 명성의 망토 아래에서 그대는 얼마나 많은 부주의와 분별력의 부족을 견뎌야만 하는지!
하지만 그대가 초자연적 인생관을 잃고 무관심한 채로 있는 것은 이해할 수 없다. 인간적인 이유로 이러한 상황을 참아 낸다면 ─ 참는 것밖에 별수가 없긴 하다!─ 그대의 내면은 아주 형편없는 상태임이 틀림없다.

---

72 1 베드 2,5.
73 불가타의 코헬 1,15의 글을 Douay-Rheims (1610) 영어성경에서 라틴어로 번역한 말.

그대가 일을 책임 있게 하고 잘 마무리하는 것—성화 된 일!—을 통해 그들이 길을 찾도록 돕지 않는다면, 그대는 그들과 같이 어리석어지거나 공범자가 된다.

502　그대가 열심히 일하고 보탬이 되는 것은 중요하다…. 그렇지만 직업적인 의무는 삶에서 적절한 비중을 차지해야 한다. 그것은 오로지 목적을 위한 수단이지 결코 근본적인 것으로 간주될 수는 없다.
얼마나 많은 '직업주의'가 하느님과의 일치를 방해하는지!

503　같은 말을 반복해서 미안하지만, 도구나 수단이 목적이 돼서는 안된다. 삽의 무게가 원래보다 100배나 나간다면, 노동자는 그 삽으로 땅을 팔 수 없을 것이다. 그 사람은 삽을 드는 데 온 힘을 써버리고, 씨는 심지도 못한 채 그대로 남아서 뿌리내릴 수 없을 것이다.

504　언제나 그랬다. 일하는 사람은 제아무리 정직하고 깨끗하게 처신하더라도 질투, 의심, 시기를 쉽게 불러 일으킨다. 그대가 관리직에 있다면 특정 동료에 대한 일부의 우려가 그를 배제할 충분한 이유가 아니라, 그가 더 큰일에 쓸모 있을 수 있다는 표시임을 기억하라.

505   장애물? 가끔은 있기도 하다. 하지만 그대는 때때로 편리함이나 비겁함에서 장애물을 만들어낸다. 악마는 일하지 않을 구실을 얼마나 그럴듯하게 꾸며내는가! 게으름이 모든 악덕의 어머니라는 것을 잘 알기 때문이다.

506   그대는 지칠 줄 모르고 활동한다. 그러나 순서 없이 움직여서 효율성이 부족하다. 언젠가 매우 권위있는 사람에게서 들었던 말이 떠오른다. 상사 앞에서 부하를 칭찬하고 싶어서 나는 "참 부지런하네요!"라고 언급했었다. 답변은 이랬다. "'참 많이 설치고 돌아다니네요!'가 더 적합한 말 같습니다."
그대는 지칠 줄 모르고 결실 없는 활동을 펼친다…. 참 많이 설치고 돌아다닌다!

507   다른 사람의 일의 중요성을 깎아내리기 위해 그대는 속삭였다. "그는 자신의 의무를 했을 뿐입니다."
그래서 나는 덧붙였다. "그게 별거 아닌 것 같냐? 주님께서는 우리가 의무를 다했다고 천국의 행복을 주신다. 'Euge serve bone et fidelis… intra in gaudium Domini tui'[74] '잘하였다, 착하고 성실한 종아! 와서 영원한 기쁨을 나누어라!'"

508   주님께서는 '매 순간' 우리에게서 영광을 받으실 권리가 있다. 그러므로 우리가 시간을 낭비한다면 하느님의 영

---

74   마태 25,21.

광을 빼앗는 것이다.

509   그대는 일이 시급하다는 것을 알고 있으며, 편리함에 양보한 1분은 하느님의 영광에서 빼앗는 시간이라는 것을 알고 있다. 그렇다면 매 순간을 성심껏 활용하기 위해 무엇을 기다리고 있느냐?
나아가, 그대에게 하루 중 남아도는 그 몇 분이 —다 합치면 몇 시간이다!— 무질서나 게으름에서 비롯된 것은 아닌지 생각해 보기를 바란다.

510   슬픔과 불안은 낭비한 시간에 비례한다. 매 순간을 최대한 활용하려는 거룩한 조급함을 느낄 때, 자신을 생각하지 않기 때문에 기쁨과 평화가 그대를 채울 것이다.

511   걱정거리들? "나는 걱정거리가 없다."라고 말했다, "일할 거리가 많아서 말이다."

512   그대는 어려운 시간을 보내고 있다. 막연한 두려움, 생활 계획을 실천하는 것에 대한 어려움, 그대의 책임을 다 수행하기에 하루 24시간이 부족하기 때문에 느끼는 일의 버거움….
"모든 일이 품위 있고 질서 있게 이루어져야 합니다."[75]라는 사도

---

75   1코린 14,40.

의 조언을 따라봤는가? 그것은 하느님 앞에서, 그분과 함께, 그분을 통해서, 그분만을 위해서 하는 것이다.

513　일정을 짤 때, 예상치 못한 경우에 생기는 여유 시간을 어떻게 채울지도 생각해야 한다.

514　나는 언제나 휴식을 일상에서 벗어나는 것으로 이해했지, 빈둥거리는 날로 이해한 적이 없다. 휴식은 비축을 의미한다. 힘과 이상과 계획을 모으는 것이다. 달리 말해서 하는 일에 변화를 주어 나중에 새로운 활력으로 일상적인 일에 복귀하기 위한 것이다.

515　그대에게 할 일이 많아진 이제, 그대의 모든 '문제'가 사라졌다. 솔직히 인정해라. 그분을 위해 일하기로 작정했기에 이기적인 생각에 사로잡힐 시간이 남지 않는 것이다.

516　심장박동이 몸의 동작을 방해하지 않는 것처럼 화살기도는 일을 방해하지 않는다.

517　자기 일을 성화하는 것은 꿈이 아니라, 모든 그리스도인, 그대와 나의 사명이다.
이 사실을 발견한 그 선반공은 이렇게 말했다. "저는 선반에서 작업하고 노래 부르며, 노래를 —겉과 속으로— 많이 부르며 성인이 될 수 있다는 확신 때문에 행복으로 벅차오릅니다. 하느님은 참으로 좋으시죠!"

518 그대는 일이 즐겁지 않다. 특히 동료들이 하느님을 사랑하지 않고, 은총 그리고 그대가 그들에게 베풀고자 하는 선을 멀리하는 것을 볼 때 그렇다.
그대는 그들이 하지 않는 것을 대신 보상하기 위해 일에서도 지금보다 더 하느님께 자신을 바치고, 그것을 인류를 위해 하늘로 올라가는 기도로 바꾸어야 한다.

519 기쁘게 일하는 것은 마치 귀찮은 짐을 치우듯이 가볍게 '즐거워하며' 일하는 것을 의미하지 않는다. 그대의 노력이 부주의나 가벼움으로 그 가치를 잃어, 결국에는 빈손으로 하느님 앞에 나아갈 위기에 처해지지 않도록 하라.

520 어떤 사람들은 편견을 안고 일한다. 그들은 원칙적으로 아무도 신뢰하지 않으며, 직업의 성화를 추구해야 할 필요성을 물론 이해하지 못한다. 이들과 대화하면 그들은 마지못해, 짐처럼 지는 자기 일에 또 다른 짐을 보태지 말라고 대답한다. 이것이 우리가 이겨야 할 평화의 싸움 중 하나다. 자신의 직업에서 하느님을 발견하고, 그분과 함께 그리고 그분처럼 다른 사람들을 섬기는 것이다.

521   그대는 어려움에 직면하면 놀라며 움츠러든다. 그대 행동이 어떻게 요약될 수 있는지 아는가? 편안함, 편안함 그리고 편안함이다!
그대는 자신을 조건 없이 바칠 준비가 돼 있다고 말했다가 고작 영웅 연습생으로 남아 있다. 성숙하게 반응하라!

522   학생. 사도의 정신으로 책에 전념하라. 그 많은 시간이 이미, 지금! 하느님께 바치는 그리고 인류와 국가와 영혼에 유익한 영적 희생이라는 내적 확신을 가지고 말이다.

523   그대는 공부라는 전투마를 가지고 있다. 그래서 시간을 잘 활용하겠다고 수천 번 결심하는데도 모든 것에 산만해지곤 한다. 자신의 약한 의지에 스스로 지칠 때도 있지만, 매일 다시 시작한다.
구체적인 사도적 지향을 위해 공부를 봉헌해 봤느냐?

524   공부하는 것보다 떠드는 것이 더 쉽고 덜 효과적이다.

525   공부가 사도직이라는 것을 알면서도 대충 합격하기 위해서만 공부한다면, 그대의 내적 삶에 문제가 있다.
그런 포기로는 올바른 정신을 잃게 된다. 그리고 어느 비유에서 자신이 받은 달란트를 교활하게 숨긴 그 일꾼이 그랬듯, 바로잡지 않는다면 하느님과의 우정에서 스스로 벗어나 편안함 계산의

늪에 빠질지 모른다.

526 공부할 필요가 있다…. 그러나 그것만으로 충분하지 않다.
이기심을 채우기 위해 죽도록 일하는 사람이나 몇 년 후 평안의 보장에만 집중하는 사람에게서 무엇을 얻을 수 있을까?
하느님을 위해 세상을 이기고 정복하려고 공부해야 한다. 그렇다면 우리는 우리 노력의 차원을 높여 지금까지 한 일이 주님과의 만남이 되고 다른 사람들에게, 우리 길을 따를 사람들에게 기초가 되도록 할 것이다….
그러면 공부는 기도가 될 것이다.

527 자신의 자리를 떠나지 않고 하느님을 위해 살았던 수많은 영웅적인 삶을 알고 난 후, 나는 이런 결론에 도달했다. 가톨릭 신자에게 일한다는 것은 의무수행이 아니라 사랑이다! 의무와 희생을 기꺼이 그리고 항상 아낌없이 하는 것이다.

528 그대가 형제자매와 더불어 그리스도를 위해 하는 일의 아름다움을 이해한다면, 많은 사람들이 자아만을 추구함으로써 초라하고 쓰디쓰게 만들려는 이 세상에서 그대가 더 위대하고, 더 굳건하고, 이 세상에서 가능한 만큼 행복하다는 것을 느낄 것이다.

529　거룩함은 영웅주의로 구성된다. 그러므로 일자리에서 같은 직업을 반복하더라도 우리가 해야 할 일을 잘 '마무리'하는 영웅적 자세가 요구된다. 그렇지 않으면 우리는 성인이 되고 싶지 않은 것이다!

530　우리 친구 중 한 명의 사제로 인하여 나는 확신을 했다. 그는 자신의 사도직에 대해 이야기하며 중요하지 않은 직업은 없다고 강조했다. "장미로 덮여 있는 이 밭 아래에는 일과 기도, 기도와 일로 모든 것을 비옥하게 하는 은총의 소나기를 하늘로부터 얻은 수많은 영혼들의 묵묵한 노력이 숨겨져 있다."

531　그대 책상이나 방이나 지갑에 성모님의 상본을 두고, 일을 시작할 때, 일을 하는 동안, 그리고 일을 마칠 때 바라보라. 장담하건대 성모님은 그 일을 하느님과의 사랑의 대화로 바꿀 힘을 주실 것이다.

천박함

532 맑은 정신으로 이 세상의 비참함을 생각하고 그 광경을 그리스도와 사는 삶의 풍요로움과 대조해 보면, 사람들이 선택하는 길에 어울리는 단어는 내 생각에 단 하나뿐이다. 어리석음, 어리석음, 어리석음이다.
대부분 우리 인간은 실수하는 것이 아니라 훨씬 더 나쁜 것인 그야말로 멍청한 것이다.

533 그대가 건물을 지탱하는 초석처럼 숨어있으려 하지 않는 것은 유감스러운 일이다. 그러나 그대가 사람들을 걸려 넘어지게 하는 돌이 된다면… 그건 악랄한 것이다!

534 떠들지만 실천하지 않는 나쁜 그리스도인들이 있다고 분개하지 말라. 바오로 사도는 이렇게 말한다. 주님께서는 "각자에게 그 행실대로 갚으실 것입니다."[76] 그대에게는 그대의 행실대로, 내게는 나의 행실대로 말이다.
그대와 내가 잘 행동하기로 작정한다면, 우선 두 명의 악당이 세상에 줄어들 것이다.

---

76 로마 2,6.

535 　천박함과 맞서 싸우지 않는 한, 그대 머리는 고물상과 같을 것이다. 유토피아, 환상, 그리고 쓸모없는 고물만 보관할 것이다.

536 　그대가 가진 태연스러움을 초자연적 방식으로 사용한다면 그대는 대단한 그리스도인이 될 수 있을 정도다…. 그러나 그대가 이를 사용하는 방식으로는, 그대는 대단히 뻔뻔한 사람에 지나지 않다.

537 　모든 것을 가볍게 취급하는 그대는 그 옛날이야기를 떠올리게 한다. "'사자가 온다!' 하고 사람들이 외쳤다. 그에 순진한 박물학자가 대답했다. '그래서요? 나는 나비를 잡아요!'"

538 　끔찍한 사람: 무지 한데다 지칠 줄 모르는 일꾼. 나이가 들어도 더 많은 것을 배우고자 하는 열망을 잃지 말라.

539 　천박하고 이기적인 사람의 변명. "나는 어떤 일에도 헌신하고 싶지 않습니다."

540 　그대는 이도 저도 ─악함도 선함도─ 원하지 않는다…. 그래서 두 다리로 절뚝거리며 길을 잘못 들고, 그대 삶은 공허함으로 가득 찬다.

541 "In medio virtus." 덕은 중용에 있다는 금언은 우리를 극단주의와 거리 두게 한다. 하지만 이 충고를 그대의 안위, 교활함, 미지근함, 뻔뻔스러움, 메마른 이상, 순응을 덮기 위한 완곡어로 바꾸는 오류에 빠지지 말라.

성경의 말씀을 묵상하라. "너는 차지도 않고 뜨겁지도 않다. 네가 차든지 뜨겁든지 하면 좋으련만! 네가 이렇게 미지근하여 뜨겁지도 않고 차지도 않으니, 나는 너를 입에서 뱉어 버리겠다."[77]

542 그대는 결코 문제의 핵심에 도달하지 못한다. 늘 부차적인 것에 머물러 있구나!

성경의 말씀을 반복하겠다. 그대는 "허공에 대고 말하기"[78]만 한다!

543 설교를 듣고 그 가르침을 자신에게 적용하는 대신 "아무개를 위한 말 같다!"라고 판단하는 사람들처럼 행동하지 말라.

544 때때로 중상모략에는 악의가 없다고 생각하는 사람들이 있다. 무지로 자신이 모르거나 이해하지 못하는 것을 아는 척하기 위해 사용하는 가설이라고 한다.

그러나 그것은 두 배로 악하다. 무지에 거짓말이기 때문이다.

---

77 묵시 3,15-16.
78 1코린 14,9.

545 그렇게 무책임하게 말하지 말라. 그대가 첫 번째 돌을 던지는 즉시, 다른 사람들이 익명으로 돌 던지기를 계획한다는 것을 깨닫지 못하느냐?

546 주변 사람들에게 불만의 분위기를 조성하는 사람이 그대인가? 그렇다면 이렇게 말해서 미안하지만, 그대는 악할 뿐 아니라… 멍청하다.

547 불운이나 실수에 직면했을 때, "그럴 줄 알았다."라고 말할 수 있다는 것은 어리석은 만족이다.
그것은 그대가 다른 사람들의 불행에 무관심했다는 것이다. 그대의 힘으로 그것을 막을 수 있었다면 막아야 했기 때문이다.

548 혼란의 씨앗을 뿌리는 길은 많다. 예를 들면 예외를 일반적인 규칙처럼 가리키는 것으로 충분하다.

549 그대는 자기가 가톨릭이라고 한다…. 그렇기 때문에 그대의 신념이 쉼이나 예외를 두지 않고 가톨릭교를 실천하며 살게 할 만큼 확고하지 않다는 것을 볼 때, 나는 참으로 유감스럽다.

550 조잡하기 짝이 없는 낭설을 가벼움이나 무지나 열등감으로 인해 받아들이는 그대의 순진함이 이토록 고통스

럽지 않다면 웃을 일일 것이다.

551 어리석은 자, 비양심적인 자, 위선자는 다른 사람들도 자신과 같다고 생각한다…. 그리고 정말 유감인 것은 마치 그런 것처럼 다른 사람들을 대한다.

552 시간을 낭비하는 것은 좋지 않다. 그것은 그대의 것이 아니라 하느님의 것이자 그분의 영광을 위한 것이다. 그러나 그대가 다른 사람들에게까지 시간을 낭비하게 한다면, 이는 그대의 평판을 떨어뜨리는 한편, 하느님께 드려야 할 더 많은 영광의 사취다.

553 그대는 확실한 이상과 목표를 가지고 인생을 살아가는 이들의 특징인 성숙함과 침착함이 부족하다. 복되신 동정녀께 기도하여 그 어떤 흩어짐 없이, 마음을 다하여 하느님을 찬양하는 법을 배워라.

자연스러움

554 부활하신 그리스도. 가장 위대한 이 기적은 오직 소수만이… 꼭 필요한 사람만이 봤다. 하느님의 일의 특징은 자연스러움이다.

555 오로지 그리고 전적으로 하느님의 영광을 위해서 일한다면, 모든 행위가 자연스럽고 간단할 것이다. 유일무이하고 비길 데 없는 주님과의 관계를 잃지 않으려는 마음이 급해, 과시에 연연할 수 없는 사람처럼 말이다.

556 그대는 왜 사도직의 환경과 수단이 추악하고 더럽고 복잡해야 하느냐고 분개하며 물었다. "어차피 같은 비용이 들 텐데!"라고 덧붙이며 말이다.
나는 그대의 분노가 매우 합리적이라고 생각했다. 그리고 예수님이 가난한 자와 부자, 현명한 자와 무지한 자, 행복한 자와 슬픈 자, 젊은이와 노인 등 모두에게 말하고 모두를 끌어들인다고 생각했다. 그분의 모습은 참으로 친절하고 자연―초자연―스럽다!

557 효과를 위해서는 자연스러움. 위대한 화가의 손에 들린 붓이더라도 비단 덮개로 싸여 있으면 무엇을 기대할 수

있겠는가?

558   성인들은 언제나 다른 사람들에게 '불편'한 사람들이다.

559   성인들이 비정상이라고? 이런 편견을 뿌리 뽑을 때가 왔다.
우리는 그리스도적 수덕 생활의 초자연적 자연스러움으로, 신비적인 현상조차도 비정상이 아님을 가르쳐야 한다. 다른 정신적 또는 생리적 과정들이 그 나름의 자연스러움이 있듯이, 이는 이러한 현상들의 자연스러움이다.

560   나는 우리 눈앞에 펼쳐진 지평선과 우리가 가야 할 길에 대해 그대에게 말하고 있었다. "이의 없습니다!"라며, 그대는 이 사실에 놀란 듯이 선언했다.
이것을 머릿속에 잘 새겨두어라. 이의가 없어야만 한다!

561   그대가 윗사람의 취향이나 사소한 점에 대한 의견을 상습적으로 대변함으로써 그에게 가끔, 어쩌면 무의식적으로 보이는 터무니없는 아부를 피하라.
그러나 한층 더 조심해야 할 것은 그의 결점을 웃기는 특징으로 나타내서 그의 권위를 떨어뜨리는 지나친 친숙함이나, 잘못을 농담으로 취급하는 변질까지 가는 것이다. 이는 형편없는 도움이 될 것이다!

562 　그대는 주변에 불신과 의심의 인위적인 분위기를 조성한다. 말 한마디를 할 때마다 네 수 앞을 생각하면서 말해, 체스를 두는 듯한 인상을 주기 때문이다.

복음서는 경계심 많고 위선적인 율법학자와 바리사이들의 슬픈 모습을 그릴 때, 이들이 "ut caperent eum in sermone"[79], 즉 예수님의 말씀을 왜곡하려고 질문을 던지고 문제를 제기했다고 한다. 그런 행동은 멀리하라.

563 　자연스러움은 몰상식이나, 더러움이나, 인색함이나 무례함과는 아무 상관없다.

어떤 이들은 하느님을 섬기는 일을 빈곤과 ―이렇게 말해서 미안하지만― 빈대의 세상에서의 활동으로 좁히려 한다. 그런 일은 지금도 앞으로도 필요하고 존경스러운 일이겠지만, 우리가 거기에만 머무른다면 대다수의 사람을 포기하는 것일 뿐만 아니라, 궁핍한 사람들을 거기에서 벗어나게 해주고 나서는, 그들을 못 본 척할 것인가?

564 　그대가 합당하지 않다고? 그럼… 합당해지도록 노력하라. 그러면 됐다.

565 　그대는 특별해지기를 열망한다! 그런 그대의 열망은 전혀 특별하지 않다!

79　마태 22,15.

566 "행복하십니다… 믿으신 분."[80] 엘리사벳이 우리 어머니께 드린 말씀이다. 하느님과의 일치, 초자연적인 삶은 언제나 인간 미덕의 매력적인 실천과 함께한다. 마리아는 사촌의 집에 그리스도를 품고 갔기 때문에 기쁨을 가져다주었다.

---

80 루카 1,45.

진실함

567 그대는 십자가 앞에서 기도하며 이렇게 결심했다. "진리를 위해 고난을 겪는 것이 나 때문에 진리가 고난받는 것보다 낫다."

568 진실이 진실일 수 없다는 생각이 들 때가 많다! 무엇보다도 늘 삶의 일관성을 요구하기 때문이다.

569 누군가 진실을 말해줄 때 기분 나빠할 것이면… 왜 묻는가?
혹시 자기 잘못을 정당화하기 위해 상대방이 그대의 진실로 답해주기를 바라는 건가?

570 그대는 진실을 굉장히 존중한다고 말한다. 그것이 바로 그대가 항상 진실로부터 그렇게 '존경스럽게' 거리를 두는 이유인가?

571 바보처럼 행동하지 말라. 깨닫고 사랑하고 옹호해야 할 진리를 날마다 더 잘 깨닫고, 더 사랑하고, 더 확실하게 지키려는 것은 결코 광신주의가 아니다. 반면에 —두려움 없이 말

하는데— 거짓 자유의 이름으로 이 당연한 행동에 반대하는 사람들은 분파주의에 빠지는 것이다.

572 예수 그리스도의 시대에도 그랬듯이, '아니오'라고 하는 것, 즉 신앙의 진리를 부정하거나 의문을 제기하는 것은 쉽다. 가톨릭 신자라고 선언하는 그대는 '예'로 출발해야 한다. 그런 후, 연구를 통해 그대가 확신하는 이유를 설명할 수 있을 것이다. 곧 진리와 과학, 진리와 생활 사이에는 모순이 없고 모순이 있을 수 없다는 확신 말이다.

573 논증의 근거나 용어의 의미가 마치 그들의 행동이나 주장에 의해 정의되는 것인 양 편견으로 가득 찬 사람들과 함께 살아야 하더라도, 일을 포기하지 말고 길에서 벗어나지 말라. 그들이 이해하도록 노력하라. 그러나 실패하더라도, 앞으로 가라.

574 고집불통의 설득하기 어려운 사람들을 만날 것이다. 하지만 그런 경우를 제외하고는 서로 어긋나는 것들을 해소하는 것이, 필요한 모든 인내심을 가지고 그리하는 것은 충분한 가치가 있다.

575 어떤 사람들은 그들 머릿속에 담긴 말 외에는 아무것도 듣지 않고, 아무것도 듣고 싶어하지 않는다.

576 많은 사람들이 다른 사람에게 요구하는 이해란 그들이 자기 편으로 넘어오라는 것이다.

577 실제로는 사소하지도 무해하지도 않은 가장 사소하고 무해한 거짓말에 그대가 거북함, 그것도 불쾌한 거북함을 느끼지 않는다면, 그대의 진실성을 믿을 수 없다. 그 거짓말은 하느님께 범하는 죄이기 때문이다.

578 그대는 왜 비열한 의도를 가지고 보고, 듣고, 읽고, 말하며, 다른 사람들의 의도가 아닌 그대 마음에만 있는 '나쁜 것들'을 모으려 하느냐?

579 독자에게 바른 마음이 없다면, 작가의 바른 마음을 발견하기 힘들 것이다.

580 분파주의자는 다른 사람의 모든 활동에서 분파주의만 본다. 그는 자기 마음의 좁은 자로 이웃을 잰다.

581 나는 그 책임자가 안타까웠다. 그는 살면서 있을 수 있는 몇몇 문제가 존재함을 감지했고… 이것을 전달받았을 때 놀라고 언짢아 했다. 그는 평온을 유지하기 위해 그것들을 차라리 외면하며 자신의 눈의 희미한 빛이나 어둠으로 살기를 선호했다. 나는 그에게 그 문제들을 분명하고 명확하게 직시하여

없애도록 조언했고, 그러면 그는 진짜 평화 속에서 살 것이라고 장담했다.

그대는 자신과 이웃의 문제를 외면하면서 해결하지 말라. 그것은 안락함, 게으름, 악마의 행동에 문을 열어주는 것이다.

582 그대는 의무를 완수했나? 그대의 의도는 올곧았나? 그런가? 그렇다면 자신들 눈에만 존재하는 악을 발견하는 비정상적 사람들이 있다는 것에 걱정하지 말라.

583 그들은 자신들이 중립적이라고 생각하던 그대 결정에 대해 선악을 판단했는지 캐물었다. 그리고 그대는 확실한 양심으로 대답했다. "나는 두 가지만 안다. 내 의도가 정직하고… 내가 치르는 대가를 안다는 것이다." 그리고 이렇게 덧붙였다. "나는 하느님이 내 삶의 이유이자 목표이기 때문에 중립적인 것이 없다는 것을 안다."

584 그대는 그대의 이상과 확실하고 확고한 가톨릭의 행동을 그에게 설명했고, 그는 그 길을 받아들이고 이해하는 것 같았다. 그러나 그대는 그다지 질서정연하지 못한 그의 습관에 이해가 묻혔는가 하는 의구심이 남았다….

그를 다시 찾아 진리는 실천하거나 실천하려고 노력하기 위해 받아들여야 한다고 밝혀주어라.

585   "그들이 누구라고 나를 시험합니까? 그들은 왜 나를 의심해야 합니까?" 그대가 내게 물었다. 보라. 그들이 의심해야 하는 것은 자신들의 약함이라는 내 말을 그들에게 전하고… 그대는 가던 길을 평화로이 가라.

586   그들이 한심하다…. 그들은 비겁하게 돌을 던지고 손을 숨긴다.
성령께서 그들에 관해서 하시는 말씀을 봐라. "성을 내며 너에게 달려드는 자들은 모두 어이없이 창피를 당하리라. 우상을 조각하는 그들은 창피해서 꽁무니를 빼리라."[81] 이것은 가차 없이 이행될 심판이다.

587   꽤 많은 사람들이 저 사도적 사업을 명예훼손하고 중상한다고? 그럼 그대가 진실을 선포하자마자, 비난하지 않는 사람이 적어도 한 명은 될 것이다.

588   가장 아름답고 좋아 보이는 밀밭에서도 양귀비와 풀, 온갖 잡초 몇 수레는 쉽게 솎아낼 수 있다.
역사를 통틀어 보면, 가장 올곧고 책임감 있는 사람에 대해서도 어두운 페이지를 채울 수 있다…. 우리 주 예수 그리스도를 반대하는 얼마나 많은 말과 글이 써졌는지 생각해 보라.
밀밭에서처럼, 황금빛으로 익은 참된 진리의 이삭을 거둬들이기

---

81   이사 45,16.

를 권한다.

589   올바른 양심을 갖고 싶다고 장담한 그대에게. 부인하지 않고 비방을 주워 담는 것은 쓰레기를 수거하는 사람이 되는 것임을 잊지 말라.

590   당사자의 말은 듣지 않고 그 사람을 공격하는 주장을 쉽게 받아들이는 그대의 성향은 —그대는 개방성이라고 자칭하지만— 정의와는 거리가 있으며 사랑은 더더욱 아니다.

591   중상은 때때로 그것을 당하는 사람들에게 해를 끼친다…. 그러나 이것을 만들어내고 퍼뜨리는 사람들에게 실제로 불명예이고… 그들은 나중에 영혼 깊은 곳에 이 무게를 지고 간다.

592   "험담을 퍼뜨리는 사람들이 왜 이렇게나 많을까요?" 그대는 괴로워하며 묻는다. 일부는 실수나 광신이나 악의에 의해 그렇다. 그러나 대부분은 타성, 천박함이나 무지에 젖어 거짓 소문을 되풀이한다.
이 때문에 나는 거듭 주장한다. 칭찬할 수 없고 말할 필요가 없을 때는 침묵을 지키라!

593 　중상의 피해자가 침묵 속에서 고통을 겪을 때 '망나니들은' 대담한 비겁함으로 그를 집요하게 괴롭힌다.
노골적인 주장을 퍼뜨리는 사람들이 당사자와 대화를 시도하지 않았거나 아예 할 마음이 없었다면, 그 주장을 의심하라.

594 　조사하는 방법은 여러 가지다. 약간의 악의를 가지고서 험담을 들음으로써, 어느 정직한 사람이나 가치 있는 단체를 반대하는 두툼한 책 열 권은 엮어낼 수 있다. 그 사람이나 단체가 효과적으로 일한다면 더욱 그렇고 그 효과가 사도적이라면 더더욱 그렇다….
조사관들의 업무도 유감스럽지만, 그런 사악하고 피상적인 주장의 확성기가 되어주는 사람들의 태도는 더욱 불쌍하다.

595 　"저들은 그리스도의 이해가 아니라 그리스도의 가면을 쓰고 있다. 때문에 그리스도적인 기준이 없고 진리를 얻지 못하며 결실을 맺지 못한다."라고 그는 안타까워하며 말했다….
우리 하느님의 자녀들은 주님께서 "너희 말을 듣는 이는 내 말을 듣는 사람이다."[82]라고 선포하신 것을 잊어서는 안 된다. 따라서 우리는 그리스도가 되어야 하며, 결코 그분의 캐리커처가 되지 않으려고 노력해야 한다.

82 　루카 10,16.

596 다른 많은 경우와 마찬가지로 이 경우에도 사람들은 모두 자신이 옳다고 믿으며 움직이고 하느님께서는 그들을 인도하신다. 말하자면, 각자의 이유를 뛰어넘어, 궁극적으로 하느님의 헤아릴 수 없고 사랑 지극한 섭리가 승리한다는 것이다.
그러므로 그분의 계획이 그대의 '중대한 이유'와 모순될지라도 반대하지 말고 주님의 '인도'를 받도록 하라.

597 배움이나 과학이 얻은 보화의 소유에 관심이 적은 일부 사람들이 다소 작위적인 과정을 통해 과학을 자기 취향에 맞게 재단하는데 열중하는 광경은 보기 안타깝다.
그러나 이 광경은 진리를 깊이 파헤치려는 그대의 노력을 배가되게 해야 한다.

598 연구보다 편한 것은 연구나 과학과 기술의 새로운 발견에 기여하는 이들을 반박하는 일이다. 하지만 이런 '비평가'들이 지식과 무지한 사람들의 의견의 절대적인 주인처럼 행세하는 것까지 용납해서는 안된다.

599 "명확하지 않아, 명확하지 않아." 하면서 그는 남들의 확실한 주장에 반대했다…. 그때 명확한 것은 그의 무지였다.

600 그대는 남에게 상처를 주고, 분열을 일으키고, 편협함을 보이는 것이 싫어서, 많은 사람들에게 해로운 결과를 가져 오는 입장과 요점에 ―심각한 것들은 아니라고 장담하면서― 계속 타협한다.

내 솔직함을 용서하기를. 그런 행동 방식으로 그대는 그토록 싫어하는 편협함 중 가장 어리석고 해로운 종류, 곧 진리가 선포되는 것을 막는 편협함에 빠진다.

601 하느님은 당신의 무한하고 완전한 정의와 자비로 똑같은 사랑과 서로 다른 방식으로 서로 다른 자녀들을 대한다.

따라서 평등은 모두를 동일한 잣대로 측정하는 것이 아니다.

602 그대가 알리는 진실은 반쪽짜리인 데다 해석의 여지가 너무 많아… 거짓말로 분류될 수 있다.

603 과학 분야나 남의 명성과 관련해서 의심은 쉽게 뿌릴 수 있지만 뽑기 어려운 식물이다.

604 그대는 빌라도를 상기시킨다. "Quod scripsi, scripsi!" "내가 한번 썼으면 그만이오."[83] 가장 끔찍한 범죄를 허용한 후에 그가 한 말이다.

그대는 단호하다! 하지만 그런 태도를 나중이 아니라 전에 취해

---

83   요한 19,22.

야 한다!

605 자신의 결심과 일관성 있게 행동하는 것은 덕이다. 그러나 시간이 지나면서 상황이 달라지면 문제 제기와 해결책을 수정하는 것 또한 일관성의 의무다.

606 거룩한 비타협성과 완고한 고집을 혼동하지 말라. "나는 부서지더라도 굴복하지 않는다."라고 그대는 자랑스럽고 조금은 거만하게 말한다.
잘 들어라. 부서진 도구는 쓸모없게 돼, 겉보기에 타협적 태도로 나중에 해로운 비타협을 강요할 자들에게 길을 열어 준다.

607 "Sancta Maria, Sedes Sapientiae" "성모 마리아, 상지의 옥좌." 우리 어머니를 자주 이렇게 불러라. 공부와 일과 사교에서 그리스도께서 가져다주신 진리로 당신 자녀들을 채워 주시도록 말이다.

야망

608   종교를 부정문 덩어리로만 보거나 반쪽짜리 가톨릭에 만족하는 이들, 주님을 벽을 향해 돌려놓거나 영혼의 한 구석으로 몰고자 하는 이들 앞에서, 우리는 말과 행위로 보여야 한다. 우리는 그리스도를 이들을 포함한 모든 마음의 진정한 왕으로 만들기를 열망한다.

609   사도적 사업에서 지금만을 보고 일하지 말라. 같은 정신을 가진 형제자매들이 그대가 사방에 뿌린 것을 거두어 그대가 토대를 놓고 있는 건물을 완성하기를 희망하며 일하라.

610   그대가 진정으로 그리스도적 정신을 지니게 되면, 그대의 야망은 정리될 것이다. 명성을 갈망하는 대신, 그대 이상이 영속하기를 갈망할 것이다.

611   매우 위대한 일, '매우 하느님의 일'인 성화를 이루기 위한 것이 아니라면, 자기를 봉헌할 가치가 없다. 그래서 교회는 성인들을 시성할 때 그들 삶의 영웅적 특성을 선포한다.

612 그대가 진정 주님을 위해 일하게 되면, 경쟁자가 많은 것이 그대의 가장 큰 만족일 것이다.

613 하느님의 이 시간, 그대가 세상을 지나가는 이 때에 가치 있는 일을 하기로 진심으로 결심하라. 시간은 촉박하고, 시들고 썩은 마음들을 그리스도의 불로 밝히는 인간의 지상 사명은 너무나 고귀하고 영웅적이며 영광스럽다!
이 씩씩한 영적 전쟁의 평화와 행복을 다른 사람들에게 전하는 것에는 그만한 가치가 있다!

614 그대는 명예에 목숨을 건다…. 차라리 영혼에 명예를 걸어라.

615 그대는 성인들의 통공으로 형제자매와 강한 일치를 느껴야 한다. 그 복된 일치를 두려움 없이 지켜라!
만약 그대가 혼자였다면, 그대의 숭고한 야망은 실패할 수밖에 없었을 것이다. 혼자 있는 양은 거의 언제나 길 잃은 양이기 때문이다.

616 나는 그대의 열정에 웃음을 지었다. 일에 필요한 물질적 자원이 부족하고 다른 사람의 도움이 없었을 때 그대는 이렇게 말했다. "저는 팔이 두 개밖에 없지만 때로는 팔이 오십 개 달린 괴물이 되어 씨를 뿌리고 수확을 거둘 조급함을 느낍니다."

성령께 이 극대화된 효율을 구하라…. 그분께서는 주실 것이다!

617   러시아어로 된 책 두 권이 그대 손에 들어왔고, 그대는 그 언어를 공부하고 싶은 엄청난 열망을 느꼈다. 지금은 너무 메마르나 시간이 지나면 엄청난 수확을 낼 그 나라에서, 그대는 한 알의 밀알처럼 죽는 것이 얼마나 아름다울지 상상했다….
나는 그런 그대의 야망이 좋다고 생각한다. 그러나 지금은 그대의 작은 의무에, 매일의 위대한 사명에, 그대의 공부에, 그대의 일에, 그대의 사도직에, 그리고 무엇보다도 아직 쳐내야 할 것들이 많은 그대에게는 덜 영웅적이거나 덜 아름다운 일이 아닌, 그대의 양성에 전념하라.

618   공부하지 않는 학생은 무슨 소용이 있는가?

619   공부하는 것이 너무 힘들 때, 그 노력을 예수님께 드려라. 그대의 지식이 그분의 적들과 싸우고 많은 영혼을 이길 수 있는 무기가 되도록 책에 계속 열중하고 있다고 말씀드려라…. 그러면 그대의 공부는 기도가 되어가고 있을 것이 분명하다.

620   시간과 나날을 낭비하고 세월을 죽인다면 마귀에게 영혼의 문을 여는 것이다. 그러한 행동은 마귀에게 "여기가 그대의 집이다."라고 제안하는 것과 같다.

621　시간을 낭비하지 않는 것이 어렵다고? 인정한다. 그러나 보라. 하느님의 적, '타인들'은 쉬지 않는다.
게다가 하느님 사랑의 옹호자인 성 바오로가 선포한 진리를 기억하라. "Tempus breve est!"[84] 이 생은 우리 손가락 사이로 빠져나가고 있으며 다시 되돌릴 가능성이 없다.

622　'그대가 단단히 준비된 사람인지 아닌지'의 중요성을 깨닫고 있는가? 얼마나 많은 영혼들이 좌우되는가!
이제 열심히 공부하거나 일하지 않을 수 있겠는가?

623　정상에 도달하는 길은 두 가지다. 그리스도교적인 길은 남을 섬기기 위해 숭고하고 당당한 노력으로 올라가고, 이교도적인 길은 이웃을 침몰시키는 낮고 천한 노력으로 올라간다.

624　언제나 그리고 모든 일에서 진정하고 분명한 형제애로 사람들과, 어떤 사람이든 마주 보며 살려고 노력하지 않는다면, 그대가 하느님을 마주 보며 산다고 장담하지 말라.

625　사소하고 초라한 개인 야망을 품은 '야심가'들은 하느님의 벗들이 '뭔가'를 '야망' 없이, 남을 섬기기 위해 추구한다는 걸 이해하지 못한다.

84　1코린 7,29: "때가 얼마 남지 않았습니다."

626 간절한 바람이 그대를 채운다. 예상된 일을, 맡겨진 임무를 효과적으로 이행할 조화로운 도구가 되기 위해, 자신을 하루빨리 단련하고, 빚어 만들고, 갈고 닦으려는 조급함이다.
나는 피로와 실패와 어둠의 시간에 이런 야망이 박차를 가하도록 그대를 위해 기도한다. 그리스도의 드넓은 밭에서 할당된 사명은 변할 수 없기 때문이다.

627 하느님의 참 자녀다운 성숙한 행동을 방해하는 거짓 겸손—편리라고 불러야 맞다—에 단호하게 맞서 싸워라. 그대는 철이 들어야 한다!
윗 형제자매들은 수년간 헌신하며 일을 해 왔는데 그대가 그들을 돕기 위해 아직 손가락 하나도 까딱하지 못한다는 것, 아니 까딱하지 않으려는 것이 부끄럽지 않으냐?

628 그대 영혼이 갈망에 불타오르게 뒤라. 사랑에 대한 갈망, 자신을 잊으려는 갈망, 거룩함에 대한 갈망, 천국에 대한 갈망…. 어느 똑똑한 충고자가 그리 제시하더라도, 그 갈망이 성취될 것인가를 생각하는 데에 멈추지 말라. 그 갈망을 더욱 타오르게 하라. 성령께서는 '갈망하는 사람들'을 좋아하신다고 말씀하시기 때문이다.
그러나 이는 실현적 갈망, 즉 그대가 일상 업무에서 실천하는 갈망이어야 한다.

629 주님께서 그대를 '친구'라고 부르셨으면, 그대는 그 부르심에 응답하여 필요한 긴급함을 가지고 하느님의 속도에 맞춰 빠르게 걸어야 한다! 그렇지 않으면 단순한 구경꾼으로 남을 위험이 있다.

630 자신을 잊어라…. 그대의 야망은 오직 형제자매들, 영혼들, 교회를 위해 사는 것, 한마디로 하느님을 위해 사는 것이어야 한다.

631 가나 혼인잔치의 즐거움 속에서 오직 마리아만이 포도주가 부족하다는 것을 알아차린다. 그분처럼 하느님을 위해 이웃을 돕고자 하는 열정으로 산다면, 마음은 아주 작은 섬김의 섬세함까지 도달한다.

위선

632 위선은 그 탈을 쓴 자들에게 원통하고 원망에 찬 고행의 삶을 어김없이 선사한다.

633 "가서 그 아기에 관하여 잘 알아보시오. 그리고 그 아기를 찾거든 나에게 알려 주시오. 나도 가서 경배하겠소."[85] 만일 이런 헤로데 같은 제안을 받는다면, 선의로 보이는 사람들의 '보호나 약속'에서 우리를 지켜 주시도록 성령님께 도움을 청하자.
동방 박사들처럼 진실을 추구하고 진실을 말한다면, 위로자의 빛이 부족하지 않을 것이다.

634 그대가 솔직하게 말한다고 언짢아하는 사람들이 있다고? 그들이 흐려진 양심으로 행동해서 이런 식으로 덮어야 하는가 보다.
그대 행동에 꾸준하여 그들이 깨우칠 수 있도록 도와라.

635 그대가 이웃의 의도를 악의적으로 해석하는 한, 자신을 위한 남의 이해를 요구할 권리가 없다.

---

85 마태 2,8.

636 　그대는 교정과 개혁의 필요를 끊임없이 말한다. 좋다. 그대에게도 필요하니… 스스로를 개혁하라! 그러면 이미 개혁을 시작했을 것이다.
그 전에는 그대의 개혁 선언을 믿지 않겠다.

637 　자기 입으로 말한 것을 다른 사람들이 그대로 되풀이하는 것을 듣고 경악할 만큼 위선적인 사람들이 있다.

638 　그대는 이웃의 삶에 파고드는 것 외에는 다른 사명이 없는 것처럼 보일 정도로 주책바가지다. 그리고 결국 위엄 있는 의연한 사람과 부딪쳐 제지를 당하자, 그가 그대에게 잘못한 것처럼 공개적으로 한탄한다.
그대의 뻔뻔함과 기형적 양심이 이 정도 까지다. 다른 많은 사람들도 그대와 같다.

639 　그대는 한 방에 진실한 의견의 '정직함'과 반대 의견의 저속한 '이점'을 얻으려 한다….
이는 어떤 말로든 이중성이라고 부른다.

640 　저들이 얼마나 선한 건가!! 칭찬받을 가치만 있는 것을 '용서'할 준비가 되어 있으니 말이다.

641   박해자가 자신을 피해자라고 부르는 것은 낡은 전략이다…. 민중은 오래 전에 명확한 표현으로 그것을 고발했다. "돌을 던지고 붕대를 감는다."

642   다른 사람을 부당하게 비방한 다음, 피해자가 자신을 변호하지 못하도록 자비와 정직을 호소하는 사람들이 많다는 것이 ―불행히도― 사실일까?

643   다른 가톨릭 신자들을 학대하는 가톨릭 신자들이 입에 담는 슬픈 교회일치운동!

644   이 얼마나 그릇된 객관성에 대한 이해인가! 그들은 자기 결함의 왜곡된 렌즈를 통해 사람이나 일을 바라보고, 염치없이 비판하거나 충고하려고 든다.
구체적인 결심: 남을 바로잡거나 충고할 때 하느님 앞에서 말하고 그 말을 우리의 행동에 적용할 것.

645   다른 사람에 대한 비방적 공격을 조직하는, 언제라도 개탄스러운 방법에 절대로 의지하지 말라…. 부도덕한 행동을 정당화할 수 없는 도덕적 동기를 그 명분으로 삼는다면 더욱 그렇다.

646 　그가 입증된 준비와 올바른 교리를 가진 다른 사람들의 의견도 들었다고 해서 그대가 서운해 하거나 그대를 불신하는 것으로 받아들인다면, 그대는 결코 공정하게 또는 바른 의도로 조언을 한 것이 아니다.
그대 주장대로 영혼들의 유익과 진리의 선포를 추구한다는 것이 정말이라면 왜 언짢아 하는가?

647 　마리아는 하느님께서 자신에게 이루신 신비를 요셉에게도 전하지 않는다. 우리가 경솔하지 않고, 기쁨과 슬픔을 올바로 쏟으며, 칭찬이나 동정을 구하지 않는데 익숙해지도록 보고 배우자. "Deo omnis gloria!" 모든 것을 하느님을 위하여!

내적 생활

648   더 가까이서 조르는 사람이 더 많이 얻는 법이다…. 그러므로 하느님께 가까이 나아가라. 거룩해지도록 힘써라.

649   나는 내적 생활을 의복, 복음서가 이야기하는 혼인 예복에 비기는 것을 좋아한다. 옷감은 신심 습관이나 행위들로 구성되며, 이들은 섬유처럼 옷감에 활력을 준다. 그리고 찢어진 옷은 나머지 부분이 상태가 좋더라도 가치가 떨어지는 것처럼, 기도하고 일하지만 보속하지 않거나 그 반대의 경우라면, 그대의 내적 생활은 말하자면, 완전하지 않은 것이다.

650   거룩함을 진지하게 추구하는 것만이 유일한 길이라는 것을 언제쯤 깨달을 것인가!
하느님을 진지하게 받아들이기로 결심하라. 미안하지만, 그대의 그 가벼움에 맞서 싸우지 않는다면 그것은 슬픈 신성 모독적 조롱이 될 것이다.

651   때때로 그대는 그대의 나쁜 성질을 이기지 못하고 가끔은 놀라울 정도로 냉혹하게 이를 표출한다. 다른 때는 거룩한 삼위일체의 합당한 거처가 될 수 있도록 마음과 머리를

준비하는 데에 힘을 쓰지 않는다…. 그러면서 계속 그대가 아직 잘 알지 못하는 예수님에게서 다소 떨어져 있게 된다.
이런 식으로, 그대는 결코 내적 생활을 갖지 못할 것이다.

652 "Iesus Christus, perfectus Deus, perfectus Homo" 예수 그리스도, 완전한 하느님이시며 완전한 인간이신 분.
많은 그리스도인이 그분의 신성에 감탄하면서 그리스도를 따르지만, 인간으로서의 그분을 잊고 있다…. 그래서 자질구레한 신심의 외형에도 불구하고 초자연적인 덕을 실천하는 데 실패한다. 인간의 덕을 얻기 위해 아무것도 하지 않기 때문이다.

653 개인의 거룩함은 모든 것의 치료제다! 그 이유로 성인들은 평화, 용기, 기쁨과 안정이 충만했다.

654 그대는 지금까지 우리 그리스도인들이 사람들에게 전하는 메시지를 이해하지 못했다. 내적 생활의 숨겨진 그 경이로움을 말이다.
그대는 그들 앞에 신세계를 펼치고 있다!

655 그대는 새로운 것들을 참으로 많이 발견했다! 그러나 때로는 순진하게, 모든 것을 다 봤고 이미 다 알고 있다고 생각한다…. 그런 다음 그대는 정성스러운 사랑으로 응답하면 항상 '새로운 것'을 보여 주실 주님 보화의 유일무이하고 헤아릴 수

없는 풍부함을 체감한다. 그리고 거룩함은 무한하고 무진장하신 우리 하느님과 동일시하는 것으로 이루어지기 때문에, 그대가 길의 시작에 있다는 것을 깨닫는다.

656 연구보다는 사랑으로 '하느님의 것'들을 이해하게 된다. 그러므로 그대는 일하고, 공부하고, 병을 받아들이고 검소해야 하는데, 이 모두를 사랑으로 해야 한다!

657 매일의 성찰을 위해. 나는 아버지 하느님과 대화하지 않고 한 시간이라도 보낸 적이 있는가? 나는 자녀의 사랑으로 그분과 대화했는가? 할 수 있다!

658 자신을 속이지 말자…. 하느님은 우리를 창조하셨다가 버리시는 그림자 같은 먼 존재가 아니며, 떠나가서 다시는 돌아오지 않는 주인도 아니다. 우리가 감각으로는 그분을 인지하지 못하지만 그분의 존재는 우리가 만지고 보는 모든 현실보다 훨씬 더 진실하다. 하느님은 여기, 우리와 함께 현존하시고 살아 계신다. 우리를 보시고 들으시고 인도하시며, 우리의 가장 작은 행적과 가장 깊이 숨겨진 의도를 보신다.
우리는 이것을 믿지만… 마치 하느님이 존재하시지 않는 것처럼 살고 있다! 그분에게 무슨 생각이나 말씀 한번 드리지 않고, 그분께 순종하지 않고, 우리의 정욕을 다스리려고 하지도 않고, 그분에게 사랑을 표현하지도 않고, 속죄하지도 않는다….

우리는 죽은 믿음으로 계속 살아갈 것인가?

659 만일 그대가 하느님의 현존을 인식하며 산다면, 그대는 '돌이킬 수 없는' 많은 행적들을 피할 것이다.

660 사방을 계속 두리번거리면서 어떻게 하느님의 현존 안에서 살아가려 하는가? 그대는 헛된 것에 취한 것과 같다.

661 그대는 '묵상'이라는 단어에 두려움을 느낄 수 있다. 그것은 검은 표지의 닳아빠진 책, 한숨 소리, 지루하게 반복되는 기도 소리를 떠올린다. 하지만 그것은 묵상이 아니다.
묵상은 하느님이 그대의 아버지이시고, 그대는 도움이 필요한 그분의 자녀임을 생각하고 바라보는 것이다. 그리고 그대에게 이미 베풀어 주신 것과 앞으로 주실 모든 것에 대해 그분께 감사드리는 것이다.

662 예수님을 알 수 있는 유일한 방법은 그분에게 말을 거는 것이다! 그대는 언제나 그분에게서 아버지를, 친구를, 조언자를, 일상생활에서 모든 숭고한 활동의 조력자를 찾을 것이다….
그리고 그분과의 교류에서 사랑이 싹트게 될 것이다.

663 그대는 단지 어떤 한정된 지식을 얻겠다고 매일 수업에 참석할 만큼 꾸준하다. 그렇다면 왜 항상 영원한 맛과 내용이 담긴 내적 생활의 지식을 가르쳐 주시는 스승님께 갈 꾸준함이 없는가?

664 언제나 그대를 기다리고 계시는 예수 그리스도와 견줄 때, 세상에서 가장 큰 사람이나 상급의 가치가 무엇인가?

665 우정으로 하느님과 하나되는 매일의 묵상은 인생을 올바르게 쓸 줄 아는 사람, 신념에 따라 행동하는 의식 있는 그리스도인의 특징이다.

666 연인들은 작별할 줄을 모른다. 늘 함께하기 때문이다. 그대와 나는 이런 식으로 주님을 사랑하고 있는가?

667 서로 사랑하는 사람들이 상대방에게 잘 보이고 그의 마음에 들기 위해 자신을 어떻게 꾸미는지 보지 않았는가? 그런 식으로 그대 마음을 정돈하고 치장해야 한다.

668 은총은 보통 본성과 마찬가지로 단계별로 작용한다. 정확히 말하자면 우리는 은총의 작용에 앞설 수 없다. 그러나 우리에게 달려 있는 모든 일에서 땅을 준비하고 하느님께서 은총을 허락하실 때 협력해야 한다.

사람들이 매우 높은 영적 목표를 세우도록 해야 한다. 그리스도의 이상을 향해 나아가도록 밀어주고, 그 어떤 식의 면죄부나 완화 없이, 그러나 거룩함이 주로 인간 노력의 결과가 아님을 잊지 않으며, 마지막 결과까지 가도록 데려가야 한다. 은총은 보통 서두르지 않으며, 억지를 좋아하지 않는다.
거룩한 조급함을 키우되, 인내심은 잃지 말아달라.

669 그대는 이렇게 묻는다. "하느님의 은총에 대한 응답은 정의의 문제입니까, 관대함의 문제입니까?"
사랑의 문제다!

670 "가장 부적절한 순간에 여러 문제가 머리속에 들끓습니다."라고 그대가 말한다.
그렇기 때문에 나는 그대에게 내적 침묵의 시간을 얻으려 노력할 것과… 외적 그리고 내적 감각을 지키려 노력할 것을 권했던 것이다.

671 "저희와 함께 묵으십시오. 저녁때가 되어 갑니다."[86] 클레오파스와 그의 동료가 한 기도는 효과적이었다.
그대와 내가 지나가시는 예수님을 '붙잡지' 않는다면 얼마나 슬픈 일인가! 그분께 머물러 달라고 요청하지 않는다면 얼마나 안타까운 일인가!

---

86 루카 24,29.

672 내가 그대에게 추천한 매일 몇 분의 신약성경 독서, 즉 각 장면의 내용 속으로 들어가 하나의 등장인물로 참여하는 것은, 그대가 복음을 구현하고 그대 삶에서 복음을 '이루고', 다른 사람들도 이를 '이루도록' 하려는 것이다.

673 한때 그대는 많이 '즐기곤' 했다. 하지만 그대 안에 그리스도를 모시고 있는 지금, 그대의 삶 전체가 진실하고 전염성이 강한 기쁨으로 가득 찼다. 그래서 그대는 다른 사람들을 끌어들이는 힘이 있다.
그대가 모든 사람에게 갈 수 있도록 그분을 더 친밀하게 대하라.

674 조심하라. 예민한 양심을 가져라! 주변 분위기의 온도를 올리다가 자신이 식어버리지 않도록 주의하라.

675 모든 것을 하느님께 향하는 습관을 들여라.

676 그대의 동료들 가운데 많은 사람들이 사랑하는 사람, 곧 연인이든 배우자이든 자녀나 가족들이든 그들을 엄청난 배려와 섬세함으로 대할 줄 안다는 것을 눈치챘는가?
그들에게 알려주고 자신도 노력하라. 주님께서는 그 사람들 못지않게 대우를 받으실 자격이 있으시다. 그분도 그렇게 대하기를! 또한 그들에게 이렇게 조언하라. 그 배려와 섬세함을 유지하되, 그분과 함께 또 그분을 위해 그렇게 한다면, 결코 꿈꾸지 못했던 행복을 지금, 이 세상에서도 얻을 것이라고 말이다.

677 주님께서는 그대 영혼에 좋은 씨를 뿌리셨다. 그리고 그 영원한 생명의 씨를 뿌리기 위해, 기도라는 강력한 도구를 사용하셨다. 그대는 종종 감실 앞에서 그분과 마주 보고 있을 때, 그분께서 당신 자신을 위해 그대를 원한다고, 모든 것을 버려야 한다고 마음 속 깊은 데서 들려주신 것을 부인할 수 없을 것이다. 지금 이를 부인한다면 그대는 비열한 배반자고, 이를 잊었다면 배은망덕한 사람이다.

그분은 또한 그대가 간과해서는 안 되는 말들을 끈질기게 반복해 온 지도자의 초자연적 충고와 제안을 이용하셨다 ―이 사실을 의심 말라, 지금까지 의심하지 않았던 것처럼. 그리고 처음에는 좋은 씨를 그대 영혼에 심기 위해 하느님 사랑이 가득한 강력한 진리를 말해준 숭고하고 신실한 친구를 쓰셨다.

하지만 그대는 적이 영혼에 가라지를 뿌렸다는 것을, 그리고 그대가 편히 자며 내적 생활에서 느슨해지는 동안 계속해서 그러고 있다는 것을 발견하며 놀랐다. 이것이 그대가 받은 좋은 밀알을 종종 질식시킬 것 같은 온갖 종류의 현세적 잡초가 마음에 들러붙어 있는 유일한 이유다….

그 잡초들을 당장 제거하라! 하느님의 은총으로 충분하다. 구멍이나 상처가 남을까 두려워하지 말라. 주님께서는 그곳에 당신의 새로운 씨앗, 하느님의 사랑, 형제애, 사도적 열정을 심을 것이다. 시간이 지나면, 가라지의 흔적조차 남아 있지 않을 것이다. 아직

때인 만큼 지금 그것을 뿌리째 뽑아버린다면, 더욱이 잠들지 않고 밤새워 밭을 지킨다면 말이다.

678 예수님에 대해 듣고서 —그분은 끊임없이 우리에게 말씀하신다— 즉시 그분을 길, 진리, 생명으로 알아보는 복된 영혼들은 행복하다.
우리가 이 행복에 들어서지 않는다면, 그분을 따르겠다는 결단이 부족했기 때문이라는 것을 그대는 알고 있다.

679 그대는 다시 한번 그리스도를 아주 가까이 느꼈다. 그리고 다시 한번 모든 것을 그분을 위해 해야 한다는 것을 깨달았다.

680 주님께 가까이, 더 가까이 가라. 그분이 그대의 친구, 그대의 속마음을 받아주는 자, 그대의 안내자가 되실 때까지.

681 그대는 자신이 날마다 하느님에게 더 빠져 있음을 느낀다고 내게 말한다. 그렇다면 그대는 날마다 형제들과 더 가까워질 것이다.

682 지금까지, 그분을 만나기 전까지 그대는 눈을 부릅뜨고 모든 것을 알기 위해 인생을 달려왔다면, 이제부터 그분

과 함께 그대에게 가치 있는 것만 보기 위해 맑은 눈으로 달려라!

683 내적 생활이 있다면, 피가 상처로 저절로 흐르듯이 어떤 어려움에도 하느님께 달려간다.

684 "이것은… 내 몸이다." 그러면서 예수님은 빵의 형상 속에 자신을 숨기며 바치셨다. 토마스가 그분의 영광스러운 상처에 손가락을 넣었던 그날처럼, 이제 그분은 살과 피와 영혼과 신성으로 그곳에 계시다.
그런데도 그대는 지나가다 만나는 그 어떤 아는 사람에게라도 할 간단한 예의인 인사 한마디 없이 그냥 지나치는 경우가 많다.
그대는 토마스보다 믿음이 훨씬 없다!

685 만약 그대를 풀어주기 위해 가까운 친구가 감옥에 갔다면, 그대는 그 친구를 방문해서 잠시 이야기를 나누고 선물과 따뜻한 우정과 위로를 전하려 하지 않겠는가?
그리고 그 수인과의 대화가 그대를 악에서 구해주고 그대에게 좋게 작용한다면, 그것을 그만두겠는가? 그리고 만약 그 수인이 친구가 아니라 아버지나 형제라면?
그렇다면!

686 예수님은 우리를 위해 거룩한 성체 안에 머물러 계셨다. 우리 곁에 남으시고, 우리에게 의지가 되시고, 우리를

끌어 주시기 위해서다. 그리고 사랑은 사랑으로만 갚을 수 있다. 어떻게 매일 단 몇 분이라도 감실을 찾아가 우리의 인사와 자녀와 형제자매로서의 사랑을 하지 않을 수 있겠는가?

687 그 장면을 보았느냐? 어떤 하사관이나 지휘권이 거의 없는 소위가 있다. 그 앞에 장교들과는 비교할 수 없을 정도로 잘생긴 신병이 다가오는데, 경례나 답례가 빠지지 않는다. 이와 대조되는 상황에 대해 묵상하라. 저 성당 감실에서 완전한 하느님이자 완전한 인간, 그대를 위해 십자가에서 돌아가시고 그대에게 필요한 모든 좋은 것을 주시는 그리스도가 다가오신다. 그런데 그대는 신경도 쓰지 않고 지나간다.

688 그대는 매일 성체 조배를 하기 시작했다. "감실 불빛을 미친 듯이 사랑하기 시작했습니다."라는 그대의 말이 놀랍지 않다.

689 매일 "예수님, 당신을 사랑합니다." 와 신영성체를 적어도 한번씩 바쳐라. 그분이 우리와 함께 계시면서 겪으시는 모든 불경과 신성 모독에 대한 속죄로 말이다.

690 보통 소중한 모든 사람들을 따뜻한 인사로 맞이하고 대하지 않는가? 그렇다면 그대와 나는 예수님, 마리아, 요셉 그리고 수호천사에게 하루에도 여러 번 인사하자.

내적 생활 189

691   우리 어머니에 대한 깊은 신심을 가져라. 그분은 우리가 드리는 선물에 섬세하게 보답하는 법을 아신다.
게다가, 날마다 믿음과 사랑의 정신으로 거룩한 묵주기도를 바친다면, 성모님은 그대를 당신 아드님의 길을 따라 멀리 인도해 주실 것이다.

692   성모님의 도움 없이 우리가 어떻게 하루하루의 투쟁을 지속해 나갈 수 있을까? 그 도움을 끊임없이 구하는가?

693   수호천사는 우리의 으뜸가는 증인으로 언제나 우리와 함께한다. 그분은 사심판 때에 그대가 평생을 통해 우리 주님께 행한 친절한 행위를 기억할 분이다. 나아가 그대가 적의 끔찍한 고발 앞에서 헤맬 때, 그대의 천사는 어쩌면 그대 자신도 잊었을 마음의 내밀한 직감들, 그대가 성부와 성자와 성령께 바쳤던 사랑의 표현을 제시할 것이다.
그대의 수호천사를 절대로 잊지 말라. 그러면 그 천국의 군주는 지금도, 결정적 순간에도 그대를 버리지 않을 것이다.

694   그대의 영성체는 아주 차가웠다. 그대는 주님께 거의 주의를 기울이지 않았고, 지극히 사소한 것에도 산만해졌다. 그러나 하느님과의 친밀한 대화 중 천사들이 함께 있다는 것을 생각한 이후로, 그대의 태도가 바뀌었다. "그들이 나의 이 모습을 보지 않기를." 하고 스스로에게 말한다.

그대가 어떻게 '남의 평가'의 힘으로 —이번에는 좋은 방향으로— 사랑을 향해 조금 더 나아갔는지 보라.

695 마음이 메말라 무슨 말을 해야 할지 모를 때, 자신감을 가지고 성모님께 나아가라. "원죄 없으신 어머니, 저를 위하여 빌어주소서." 하고 말씀드려라.
믿음으로 성모님을 부르면, 성모님은 그대의 메마름 속에서도 하느님의 친밀함을 맛보게 해 주실 것이다.

교만

696   자기애를 뿌리째 뽑고 예수 그리스도의 사랑을 심는 것. 여기에 유익과 행복의 비결이 있다.

697   그대는 그분을 따른다고 주장하지만, 어떤 식으로든 항상 '그대'의 계획에 따라 '그대'의 힘으로만 '그대'가 하려 한다. 그러나 주님은 말씀하셨다. "Sine Me nihil!"[87] "너는 나 없이 아무것도 하지 못한다."

698   사람들은 그대가 자신의 '권리'라고 부르고 내가 그대의 '교만할 권리'로 번역한 그것을 무시했다. 가련한 이 바보! 그대를 공격하는 자가 강력해서 막지 못하고 수백 번 얻어맞는 고통을 느꼈으나, 그대는 겸손해지는 법을 배우지 않고 있다. 이제는 그대의 양심이 지적한다, 그대가 교만하고 비겁하다고 말이다. 하느님께 감사드려라. 그대가 '겸손의 의무'를 어렴풋이 보기 시작했기 때문이다.

699   그대는 언제나 그대, 그대, 그대로 가득하다. 그런데 그분, 그분, 그분으로 채워지고 "in nomine Domini", 하느

---

[87] 요한 15,5.

님의 이름과 그분의 힘으로 행동할 때까지 그대는 절대로 효과를 내지 못할 것이다.

700 자신을 중심으로만 돌면서 어떻게 그리스도를 따르려 하는가?

701 직업적 출세에 대한 조급하고 무질서한 열망은 '남을 위한 봉사'를 가장한 자기애를 감출 수 있다. 우리는 거짓으로 —거짓, 맞다— 어떤 기회, 어떤 유리한 상황을 놓쳐서는 안 된다는 논리를 만든다.
예수님께로 눈을 돌려라. 그분은 '길'이다. 그분의 드러나지 않은 시절에도 공생활을 앞당길 '아주 유리한' 기회와 상황이 있었다. 예를 들어, 열두 살 때 율법학자들이 그의 질문과 대답에 놀랐을 때다. 그러나 예수 그리스도는 아버지의 뜻에 따라 기다린다. 그분은 순종한다!
온 세상을 하느님께로 인도하려는 거룩한 열망을 잃지 않으면서도, 그러한 계획이 암시될 때 —도망가고 싶은 마음이 들 때— 주님께서 달리 요청하시지 않는 한, 그대 또한 순종하고 드러나지 않고 빛나지 않는 그 일을 맡을 차례임을 명심하라. 하느님은 그분의 때와 방법이 있으시다.

702 돈, 혈통, 지위, 직책, 지능 등으로 주어진 특권을 악용하여 불우한 사람들을 모욕하는 모든 이들은 자신들의

교만과 오만을 드러낸다.

703 교만은 사탄이 당기는 줄에 따라 헛되고 생각 없는 꼭두각시처럼 행동하는 '아주 남자다운' 사람을 언젠가는 다른 사람들 앞에서 망신당하게 하고 만다.

704 거만이나 단순한 허영심 때문에, 많이들 자신의 개인적 가치를 인위적으로 높이기 위한 '암시장'을 유지한다.

705 지위. 위인가 아래인가? 그게 무슨 상관인가! 그대는 완전한 헌신으로 도움이 되려고, 섬기러 왔다고 장담했다. 이에 알맞게 행동하라.

706 그대는 말하고, 비판하고… 그대 없이는 아무것도 잘되지 않는 듯하다. 미안하지만, 그대는 오만한 독재자처럼 행동한다.

707 한 친구가 그대를 따로 불러 그대의 행동을 망치는 점들을 충직하고 친절하게 지적하면, 그대에게는 그 친구가 옳지 않다는 확신이 선다. "그는 나를 이해하지 못하는 것이다." 자존심의 자녀인 이런 그릇된 확신을 가지고는, 그대는 평생 고치지 못할 것이다.
나는 그대가 불쌍하다. 거룩함을 추구할 결심이 부족하기 때문이다.

708 악의적이다, 의심이 많다, 복잡하다, 불신에 찼다, 교활하다…. 불쾌하더라도, 모두 그대에게 해당되는 수식어다. 바로잡아라! 왜 다른 사람은 항상 나쁘고 그대는 착해야 하는가?

709 그대는 외롭고 불평이 많고 만사가 짜증난다. 이기심이 그대를 형제자매들로부터 고립시키고, 그대가 하느님께 가까이 나아가지 않기 때문이다.

710 늘 드러나게 주목받으려는 그대! 그러나 무엇보다도 다른 사람들보다 더 주목받으려는 그대!

711 그대는 왜 모든 말에 숨은 의도가 있다고 상상하느냐? 그대의 과민함으로 은총의 활동을 늘 가로막고 있다. 은총은 그리스도의 이상에 자신의 행동을 맞추려고 투쟁하는 이들의 말을 통해 온다는 것을 의심하지 말라.

712 그대가 남들이 늘 그대에게 신경 써주면서 살아야 한다고 확신하는 한, 남들을 섬기려고 —숨고 사라지려고— 결심하지 않는 한, 형제, 동료, 친구와의 관계는 끊임없는 서운함과 실망과 짜증… 곧 교만의 원천이 될 것이다.

713   과시를 혐오하라. 허영심을 거부하라. 매일, 매 순간 교만과 싸워라.

714   가련한 교만한 자들은, 자기애로 엄청나게 키운, 그러나 다른 사람들은 알아채지 못하는 수많은 하찮은 것들로 고통받는다.

715   다른 사람은 스무 살이던 적이 없다고 생각하느냐? 미성년자처럼 가족에 의해 제약을 당한 적이 전혀 없다고 믿느냐? 그대가 직면하는 크고 작은 문제들을 피했다고 생각하느냐? 그렇지 않다. 그들은 지금 그대가 겪고 있는 똑같은 상황을 겪었고 관대한 인내로 자기 이기심을 짓밟았다. 양보 가능할 때는 양보했고, 불가능할 때는 오만하지 않고 상처주지 않으면서 —침착한 겸손으로— 충성하여 은총의 도움으로 성숙해졌다.

716   이념적으로 그대는 매우 가톨릭적이다. 그대는 기숙사 분위기를 좋아한다. 그러나 미사가 12시에 있지 않고, 수업이 오후에 있어 저녁 식사 후 코냑 한두 잔을 마시며 공부할 수 없어서 유감이다! 이런 그대의 '천주교'는 진실과 일치하지 않으며 단순한 편의주의에 불과하다.
그대 나이에 그런 사고를 할 수 없다는 걸 모르겠느냐? 그대의 편안함과 이기주의에서 벗어나 남들의 필요와 주변 현실에 맞춰라. 그러면 그대는 '천주교'를 진지하게 생활화할 것이다.

717   어느 성당에 성인상을 기증했던 사람이 말했다. "이 성인의 모든 것은 제 덕분입니다."
단순한 풍자라고 생각하지 말라. 적어도 그대의 행동으로 볼 때, 그대 또한 펜던트 몇 개 착용하고 판에 박힌 듯한 신심 관습을 실천한다고 하느님께 의무를 다한다고 생각한다.

718   "그들이 나의 착한 행실을 보고!" 아니, 그대는 남들이 그대의 자질을 볼 수 있도록 그 행실을 싸구려 장신구 바구니에 담고 다니는 것 같다는 점을 깨닫지 못하는가?
게다가 "그들이… 하늘에 계신 너희 아버지를 찬양하게 하여라."[88] 하신 예수님 명령의 두 번째 부분을 잊지 마라.

719   "나 자신에게, 내게 합당한 찬사를 보내며." 책의 첫 페이지에 그가 쓴 글이다. 그리고 다른 많은 가련한 사람들도 그들 삶의 마지막 페이지에 똑같이 쓸 수 있을 것이다.
그대와 내가 이렇게 살거나 이렇게 된다면 얼마나 안타까운 일인가! 진지한 자기성찰을 해보자.

720   교회에 관한 일이나 사람들 ―네 형제자매들― 앞에서 결코 우월한 태도를 취하지 말라…. 대신 이런 태도는 사회적 활동에서 하느님과 영혼의 이익을 지키는 일에 필요할 수 있다. 그 경우에는 더 이상 우월함이 아니라, 차분하고 겸손한 확

---

88   마태 5,16.

신을 가지고 실천할 믿음과 용기이기 때문이다.

721 당사자 앞에서 그 사람을 찬양하거나 그의 자질을 칭찬하는 것은 무분별하고 유치하고 어리석다.
그러다간 허영심을 부추기고, 모든 것을 받으셔야 마땅한 하느님으로부터 영광을 '빼앗을' 수도 있다.

722 그대의 선한 의도에는 항상 겸손이 뒤따르게 하라. 선한 의도에는 종종 가혹한 판단, 양보가 거의 불가능한 고집, 그리고 어느 정도의 개인, 국가 또는 집단 자부심이 수반되기 때문이다.

723 잘못을 깨닫게 될 때, 낙심하지 말라. 잘못에 대해 반응하라. 결실이 없는 것은 —특히 회개하는 경우에— 잘못의 결과라기보다는 교만의 결과다.

724 넘어졌다면 더욱 큰 희망을 안고 일어서라…. 잘못을 바로잡는다면 자신을 알게 되고 자신이 겸손해지는 데에 도움을 얻는다. 자기애만 이 사실을 이해하지 못한다.

725 "우리는 아무 쓸모 없다." 비관적이고 거짓된 말이다.
원하기만 하면 우리는 근본적 전제조건인 하느님의 은총으로, 많은 사업에서 유용한 도구로 쓸모 있을 것이다.

726 　그자의 거만함을 보며 저 하느님의 사람이 한 가혹하지만 솔직한 말이 나를 생각에 잠기게 했다. "그는 교만이라는 악마의 가죽을 입고 있다."

그리고 이와 대조해서 예수 그리스도께서 설교하신 미덕, "quia mitis sum et humilis corde" —"나는 마음이 온유하고 겸손하다."[89]—, 복되신 삼위일체의 시선을 그분 어머니이자 우리 어머니인 분께로 끌어들인 그 덕, 곧 자신이 아무것도 아님을 알고 느끼는 겸손을 입고 싶은 진실된 갈망이 마음에 생겼다.

89　마태 11,29.

우정

727 누군가에게 호의나 도움을 베푸는 것이 어렵게 느껴질 때 그가 하느님의 자녀라고 생각하고 주님께서 우리에게 서로 사랑하라고 명하셨다는 것을 기억하라.
또한, 표면에 머물지 말고 이 복음적 교훈을 매일 더 깊이 받아들여라. 거기에서 결론을 끌어내고 —어렵지 않은 일이다— 매 순간 그대의 행동을 그 요구사항에 맞춰라.

728 "사람들이 너무 급하게 살고 있기 때문에 그리스도적 사랑이 이 세상에서 보기 드문 현상이 되었습니다. 적어도 명목상으로는 그리스도가 선포되고 있지만요."
인정한다. 그러나 가톨릭 신자로서 그분과 하나 되고 그분의 발자취를 따라야 하는 그대는 무엇을 하고 있는가? 그분께서는 당신의 교리를 모든 민족에게, 모든 시대를 통해 가르쳐야 한다고 우리에게 말씀하셨기 때문이다.

729 사람들은 공동의 사명과 운명을 완수하기 위해 그들의 인생을 통합한다. 역사에서 항상 그래왔다.
오늘날의 남녀에게는 영원한 행복이라는 '유일한 운명'이 더 낮은 가치일까?

730 그대가 소홀했던 작은 무리를 이제 다시 모아 한 사람 한 사람을 섬기려는 목자처럼 자신을 느꼈을 때, 그대는 우정의 의미를 이해한 것이다.

731 그대는 수동적이어서만은 안 된다. 친구들의 진정한 친구가 되어야 한다. 곧 그들을 '도와야' 한다. 먼저 그대의 모범적 행동을 통해, 그다음에는 그대의 조언과 친밀감이 주는 영향력으로 말이다.

732 그대는 예기치 않게 발견한 형제애와 동료애의 정신에 열광했다. 당연하다. 그대가 그토록 강하게 꿈꿔왔지만 한 번도 본 적이 없었던 것이기 때문이다. 타인을 위해, 한 사람 한 사람 모두를 위해 조건 없이 자신의 목숨을 바친 우리의 사랑스러운 형제인 그리스도와 형제라는 사실을 사람들은 잊고 있기 때문이다.

733 그대는 그대가 알고자 하는 모든 것을 가감 없이 가르쳐준 참된 스승, 참된 친구를 만나는 큰 행운을 누렸다. 그대는 그들의 지식을 '훔치기 위해' 속임수를 쓸 필요가 없었다. 그들이 가장 쉬운 길을 보여 주었기 때문이다, 비록 그 길을 발견할 때까지 그들은 큰 수고와 고통을 치렀더라도 말이다…. 이제 그대가 이 사람, 저 사람, 모두에게 똑같이 할 차례다!

734　이 내용을 잘 묵상해보고 그에 따라 행동하라. 그대를 싫어하는 저 사람들은 그대가 그들을 '정말로' 사랑한다는 사실을 깨닫게 되면 바뀔 것이다. 그대에게 달려 있다.

735　선한 것만으로는 충분하지 않다. 그대는 선한 것처럼 보여야 한다. 가시만 돋아내는 장미 덤불을 어떻게 생각하겠는가?

736　미지근한 사람들을 뜨겁게 하려면 열정의 불이 그들을 에워싸야 한다.
많은 사람들이 우리에게 이렇게 외칠 수 있다. "내 상태를 한탄하지 말고, 그대를 그토록 슬퍼하게 하는 이 상태에서 벗어날 길을 보여주시오!"

737　모든 사람을 향한 형제애의 의무로 그대는 '작은 것의 사도직'을 남들이 알아차리지 못하도록 수행하게 될 것이다. 그들이 갈 길을 즐겁게 느끼도록, 섬기려는 열망으로 말이다.

738　자신의 '피해 목록'을 조심스럽게 보관하는 이들의 마음은 참으로 좁다! 그런 가련한 이들과는 함께하기가 참으로 힘들다.
참된 사랑은 자신이 하는 '지속적이고 중요한' 봉사를 기록하지 않는 것처럼, 자신이 겪는 무례함도, "omnia suffert"[90]—모든 것을 견디어낸다—, 적어놓지 않는다.

739 그대는 엄격한 생활 계획을 이행한다. 새벽같이 일어나고, 기도하고, 성사를 자주 보고, 일이나 공부를 열심히 하고, 절제하고 고행하지만… 뭔가 빠진 걸 깨닫는다!
하느님과 대화하면서 이 점을 생각해 보라. 거룩함—그것을 얻기 위한 투쟁—은 사랑의 충만함이기에, 그대는 하느님에 대한 사랑과 거기서 비롯된 이웃에 대한 사랑을 다시 살펴보아야 한다. 어쩌면 그대 마음속에 숨겨진 큰 결함, 그대가 맞서 싸우고 있지도 않던 결함을 발견하게 될 것이다. 그대는 좋은 자녀, 좋은 형제자매, 좋은 동반자, 좋은 친구, 좋은 동료가 아니며, 무질서하게 '그대의 거룩함'을 사랑하기 때문에 시기한다.
그대는 '개인적'인 소소한 데에서 자주 '희생'한다. 그래서 그대는 '나', 그대 자신에게 집착하고 결국에는 하느님이나 다른 사람을 위해 살지 않고 오직 자신만을 위해 살고 있다.

740 그대는 나쁜 말 하나 하지 않기 때문에 자신을 친구라고 생각한다. 나쁜 말이 없는 것은 사실이지만 모범적 선행, 섬김의 선행도 전혀 보이지 않는다.
그런 친구는 최악의 친구다.

---

90 1코린 13,7.

741 그대는 먼저 사람들에게 못되게 굴고… 누군가 반응도 하기 전에 "이제 서로 사랑합시다!"라고 외친다.
후자부터 시작한다면 결코 전자에 도달하지 않을 것이다.

742 자신의 어머니가 그에 대해 이렇게 말하던 사람처럼 불화의 씨앗을 뿌리는 사람이 되지 말라. "네가 네 친구들에게 그를 소개하면, 그는 그들이 너와 다투게 만들 거야."

743 이렇게 경고한 그 친구가 그대에게 자랑하는 형제애는 그리스도적이지 않은 것 같다. "너에 대해 이런저런 끔찍한 비방을 들었다. 가까운 사람 누군가를 의심해야 할 것 같다." 이런 형제애가 그리스도적이지 않은 것 같은 이유는, 그 '형제'에게 먼저 비방자를 침묵시키고 나중에 충실하게 그의 이름을 알려주는 정의의 충동이 없어서다.
그가 자신에게 이러한 행동을 요구할 성품이 없다면, 그 '형제'는 그대가 모두를 불신하고 모두에게 자비롭지 못하도록 강요하여, 인생에서 그대 홀로 남겨지게 할 것이다.

744 그대에게는 초자연적 관점이라곤 조금도 없고, 사람들에게서 주목하는 것은 오로지 그들의 사회적 지위다. 영혼들은 그대에게 전혀 무의미하고, 그대는 그들을 섬기지도 않는다. 따라서 그대는 너그럽지 못하며, 기도를 많이 바치면서도 거짓 신심으로 하느님과 멀리 떨어져 산다.

스승님께서 분명히 말씀하셨다. "나에게서 떠나… 영원한 불 속으로 들어가라…. 내가 굶주렸을 때… 내가 목말랐을 때… 내가 감옥에 있을 때 돌보아 주지 않았다."[91]

745 하느님을 온전히 사랑하면서 이웃을 대할 때 이기심이나 무관심에 지배당하는 것은 양립할 수 없다.

746 참된 우정은 우리가 친구의 신념을 공유하거나 받아들이지 않더라도, 그것을 이해하려는 따뜻한 노력을 전제로 한다.

747 우정의 길에서 잡초가 자라도록 절대로 허용하지 말라. 충성하라.

748 우정에 대한 확고한 결심: 내 생각과 말과 이웃에 대한 행동에서 —그가 누구이든— 지금까지처럼 행동하지 않을 것, 즉 사랑을 실천하는 것을 절대 멈추지 말 것, 내 영혼을 무관심에 내어주지 말 것.

749 그대의 사랑은 그대의 필요가 아니라 남들의 필요에 맞춰지고 적용돼야 한다.

---

91 마태 25,41-43.

750 하느님의 자녀! 우리를 단지 서로를 참아주는 사람들보다 더 초월적 존재로 변화시켜 주는 조건. 주님의 말씀을 들으라. "Vos autem dixi amicos!"[92] 우리는 주님처럼 영웅적인 순간과 평범한 일상에서 서로를 위해 기꺼이 목숨을 내어놓는 주님의 친구다.

751 신앙이 없는 사람들이, 그리스도를 따른다고 자처하는 이들의 아쉬운 상호 대우를 보고 어떻게 거룩한 교회에 올 것이라고 기대할 수 있겠는가?

752 그대가 베푸는 호감 어린 대우의 매력은 양적 그리고 질적으로 확대되어야 한다. 그렇지 않으면 그대의 사도직은 생기 없고 폐쇄적인 모임에서 소멸될 것이다.

753 그대의 우정과 교리―더 좋게는 그리스도의 사랑과 메시지―를 통해 그대는 가톨릭 신자가 아닌 많은 이들이 본격적으로 협력하여 모든 사람에게 선을 행하게 할 수 있다.

754 나는 그대가 조직한 모임에 참석한 후, 신나서 얘기하던 저 노동자의 말에 주목했다. "나는 여기서처럼 고귀함, 정직, 친절, 관대함에 대해 들어 본 적이 없습니다⋯." 그리고 그는 놀라워하며 결론지었다. "좌파나 우파의 물질주의 비해, 이것

92　요한 15,15: "나는 너희를 친구라고 불렀다."

이 참된 혁명입니다!"
어느 영혼이라도 예수 그리스도가 가져온 형제애를 이해할 수 있다. 그 가르침을 변질시키지 말자!

755   때때로 그대는 자신이 산만하고 주의력이 없고 성격상 쌀쌀맞고 내성적이라고 주장하며 자신을 변명하려 한다. 그 이유로 그대와 함께 사는 사람조차도 잘 모른다고 덧붙이며 말이다.
정말 이런 핑계로 안심할 수는 없지 않는가?

756   일상의 모든 세부 사항에 초자연적 관점을 가지라고 나는 그대에게 조언했다. 그리고 즉시 "다른 사람들과의 생활이 하루 종일 많은 기회를 준다."라고 덧붙였다.

757   사랑을 실천하는 것은 다른 사람의 사고방식을 존중한다는 의미다. 즉 하느님께 가는 그들의 길을 보고 기뻐하면서… 그들을 그대처럼 생각하게 하거나, 그대와 합류하게 하지 않는다는 것이다.
이렇게 생각했으면 한다. 하느님께 이르는 서로 다른 길들은 평행하다. 저마다 자기 길을 따름으로써 하느님께 도달할 것이다. 비교하겠다고 또는 누가 더 위에 있는지 알고 싶다고 곁길로 들어서지 말라. 그것은 중요하지 않다. 중요한 것은 우리 모두가 목표에 도달하는 것이다.

758 "저 사람은 결점투성이라고요!" 좋다…. 하지만 오직 천국에 완전한 사람들이 있다는 점 외에도, 그대 또한 흠이 있지만 다른 사람들은 그대를 참아줄 뿐 아니라 아끼기까지 한다. 예수 그리스도가 결점투성이던 제자들에게 주신 사랑으로 그대를 사랑하기 때문이다.
그대도 배워라!

759 그대는 그가 이해심이 없다고 불평한다…. 그런데 나는 그가 그대를 이해하기 위해 최선을 다하고 있다는 것을 확신한다. 대신 그대는 그를 이해하기 위해 언제 조금이라도 노력할 생각인가?

760 좋다, 인정한다. 그 사람은 나쁘게 행동했다. 그의 행실은 비난받을 만하고 합당하지 않다. 그는 격이 떨어진다. "인간적으로 그는 모든 경멸을 받아 마땅합니다!"라고 그대는 덧붙였다.
알겠다, 그대를 이해한다. 그러나 그대의 마지막 결론에 공감할 수 없다. 그 비열한 삶도 신성하다. 그리스도가 그 삶을 구속하기 위해 죽었다! 그분이 경멸하지 않은 그 삶을 감히 그대가 경멸하겠는가?

761 만일 그대의 우정이 친구의 악행에 공범이 될 수준으로 떨어진다면, 일말의 가치도 없는 한심한 패거리로 전락

할 것이다.

762 이미 그 자체로 비좁고 불확실한 삶이 때때로 어려워질 때가 있는 것이 사실이다. 그러나 이것은 그대를 더 초자연적으로 하느님의 손길을 알아볼 수 있도록 도울 것이다. 그러면 그대는 이웃들에게 더 인간적일 것이고 더 큰 이해심을 보일 것이다.

763 관용은 권위에 비례한다. 한낱 재판관은 설사 경감 사유를 고려한다 하더라도, 유죄를 인정하고 판결을 받은 범인에게 선고를 내려야 한다. 나라의 최고 권력은 가끔 용서나 사면을 할 수 있다. 하느님께서는 회개하는 영혼을 언제나 용서하신다.

764 "나는 여러분을 통해 내 어리석은 짓들과 잘못을 잊으시고 아버지의 애정으로 나를 받아 주시는 하느님을 보았습니다." 20세기의 한 탕자가 아버지의 집으로 돌아와 통회하며 쓴 글이다.

765 그대는 몇몇 하찮지만 뿌리 박혔던 사소한 개인 걱정거리와 환상을 힘들게 제쳤다. 그 대가로, 이제 그대의 환상과 노고의 대상이 형제자매들, 오직 그들뿐이라는 것을 그대는 확신한다. 이웃에서 예수 그리스도를 발견하는 법을 배웠

기 때문이다.

766 "100배!" 그대가 며칠 전에 주님의 이 약속을 얼마나 기억했는지!
장담하건대, 그대는 사도직의 동료들 사이에서 실천되는 형제애에서 그 100배를 발견할 것이다.

767 입 밖에 내면 속되 보여서 말하지 않지만, 세세한 온갖 것에서 빛나는 형제자매들 간의 참다운 사랑은 얼마나 많은 두려움과 위험을 사라지게 할 수 있는가!

768 날마다 복되신 성모님께 마음을 열로 가라. 그대는 영혼과 삶에서 위안을 받을 것이다. 성모님께서는 당신 마음속에 간직하신 보화를 그대와 나누실 것이다. "어머니의 보호 아래로 피한 사람이 버림받았다는 말을 들어 본 적이 없기 때문입니다."[93]

---

93   15세기 "Memorare (기억하소서)" 기도문 중.

의지

769 내적 생활과 사도직에서 전진하기 위해 필요한 것은 감성적 신심이 아니라, 하느님께서 요구하시는 것에 응답하려는 의지의 단호하고 관대한 자세다.

770 주님 없이는 확실한 발걸음을 내디딜 수 없을 것이다. 주님의 도움이 필요하다는 이 확신은, 가는 길이 힘하고 가파르지더라도, 기쁨과 평화가 따르는 강하고 지속적인 신뢰로 그대를 주님과 더욱 일치하게 해줄 것이다.

771 자연적 행동 방식과 초자연적 방식 사이에 큰 차이를 살펴보라. 전자는 잘 시작되었다가 다음에 느슨해진다. 후자는 똑같이 잘 시작된 다음 더욱 잘하기 위해 노력한다.

772 인간적으로 올바른 이유에서 좋게 행동하는 것은 나쁘지 않다. 하지만 초자연적 이유가 지배할 때, 그 차이가 얼마나 큰지!

773 힘든 일 앞에서 그들의 기쁨을 본 저 친구는 이렇게 물었다. "이 일들을 열정으로 하는 겁니까?" 그러자 그

들은 기쁘고 평온하게 대답했다. "열정이라고요? 그럴 리가요!" "Per Dominum Nostrum Iesum Christum!"[94] 변함 없이 우리를 기다리고 계시는 우리 주 예수 그리스도를 위하여!

774 세상은 우리가 졸린 사람을 깨우고, 소심한 사람을 격려하고, 방향을 잃은 사람을 인도하기를, 한마디로 그 많은 에너지가 낭비되지 않도록 그들을 그리스도의 대열로 끌어들이는 것이 필요하다.

775 거룩한 사람 한 명이 여러가지 임무에 직면했을 때, 세심한 사랑의 마음으로 스스로에게 암호처럼 반복했던 이 말이 그대에게도 도움이 될 수 있다. "이제 나도 가치 있는 일을 하기로 진심으로 결심할 때다."

776 늘 기분에 따라 '좋아하는 것'만 하면서 무슨 그리스도적 완덕을 성취하리라고 기대하는가? 고치지 않는 그대의 결점들은 계속해서 나쁜 결실을 맺을 것이 당연하다. 그리고 끈질긴 투쟁에서 단련되지 않은 의지는 어려운 상황이 닥쳤을 때 아무 소용이 없을 것이다.

777 겉모습은 힘과 탄력이 넘친다. 그렇지만 속으로는 얼마나 무르고 의지가 약한가!

---

94 "우리 주 예수 그리스도의 이름으로."

그대의 미덕이 분장이 아니라 그대의 성격을 규정하는 습관으로 바뀌도록 결심을 굳혀라.

778 "저는 도움을 요청할 힘조차 없는 남녀들을 좀 압니다." 그대는 실망과 슬픔을 느끼며 내게 말한다.
그대로 지나치지 마라. 자신과 그들을 구하려는 그대의 의지가 그들의 회심의 출발점이 될 수 있다. 게다가 곰곰이 생각해 보면 누군가 그대에게도 손을 내밀었다는 것을 깨달을 것이다.

779 수많은 하찮고 사소한 것들에 대해 불평하는 사람들은 일상의 이런 사소한 것들에서 남을 위해서는 고사하고, 예수님을 위해서도 자신을 희생하는 법을 알지 못하는 자들이다. 다른 사람들에게 그렇게 엄하고 까다로운 그대의 행동이 일상생활에서 이런 허약함을 보이면 얼마나 부끄러운 일인가!

780 그대는 수준에 못 미친다는 것을 알고 많이 힘들어한다. 더 많은 것들을 더 효과적으로 하고 싶지만, 종종 갈팡질팡하거나 엄두를 내지 못한다.
"Contra spem, in spem!"[95] 모든 희망에 맞서 확실한 희망 속에서 살아가라. 그대를 구하고 밀어줄 이 견고한 반석에 기대라. 희망은 그대가 선을 넘을 두려움 없이 앞으로 나아가도록 격려하고, 그대가 멈추지 않게 해줄 놀라운 신덕이다.

---

95   로마 4,18: "희망이 없어도 희망하며."

그런 눈으로 보지 마라! 그렇다! 희망을 키우는 것은 의지를 강화하는 것이다.

781 매일의 일과 앞에서 의지가 약해질 때, 다시 명심하라. "공부나 일은 내 길의 핵심 부분이다. 게으름으로 직업적 신뢰를 잃는다면, 그리스도인으로서 내 활동이 허물어지거나 불가능해질 것이다. 다른 이들을 끌어들이고 돕기 위해서는 직업적인 평판의 영향력이 필요하다. 하느님께서 이를 원하신다."
의심치 말라. 자신의 일과를 포기한다면, 그대는 자신과 다른 사람들을 하느님의 계획으로부터 멀어지게 하는 것이다!

782 그대는 하느님 자녀들의 길이 두려웠다. 주님의 이름으로 그대에게 의무를 완수하기를, 자신을 부정하기를, 상아탑에서 나오기를 요구했기 때문이다. 그대는 변명을 했고… 나는 이제 그대를 짓누르는 그 짐, 즉 그대를 쓸모없게 만드는 일단의 콤플렉스와 비뚤어짐, 복잡함과 세심증이 놀랍지 않다.
이렇게 말한다고 화내지 마라. 그대는 타락한 자들, 뻔뻔하게 악을 선포하는 자들보다 더 나쁘거나 더 못한 듯이, 그들보다 더 비겁하게 행동했다.
"Surge et ambula!"[96] 일어나 걸어라; 결심하라! 하느님의 은총으로 그분의 요청에 귀 기울인다면, 그리고 무엇보다도 그분에게 온전히 그리고 기꺼이 응한다면, 아직 그 유해한 짐에서 벗어날

---
96 사도 3,6.

수 있다!

783 조급함으로 마음이 안달하는 것은 좋은 일이다. 하지만 서두르지 마라. 몇 년 또는 몇 달, 필요한 동안 진지하게 준비하기로 한 그대의 결심을 하느님께서 원하시고 믿고 계신다. 저 황제의 말이 옳았다. "나에게는 시간이라는 아군이 있다."

784 한 올곧은 사람이 질투와 시기를 이렇게 요약했다. "이토록 맑은 물을 휘저어 놓을 정도라면, 악의가 큰 것이 분명하다."

785 입다물고 가만히 있어야 하냐고? 정당한 법에 대한 부당한 공격 앞에서는 그렇지 않다!

786 그대는 날마다 더욱 '미쳐가고' 있다. 이는 그리스도를 위해 일한다는 의식에서 오는 대단한 안정감과 침착함에서 나타난다.
성경은 이미 이렇게 선포했다. "Vir fidelis multum laudabitur"[97] 성실한 사람은 모두로부터 찬양을 받을 만하다.

787 그대는 그대의 자유가 사랑과 초연함, 안전과 불확실로 엮여 있는 지금만큼 완전한 자유를 느껴본 적이 없다. 자

---
[97] 잠언 28,20.

신을 전혀 신뢰하지 않고 전적으로 하느님만 신뢰하기 때문이다.

788 가뭄에 대비해 저수지에 물을 담아두는 것을 본 적이 있는가? 마찬가지로, 그대는 어려운 시간에 필요한 한결같은 성격을 얻기 위해, 주님께서 보내시는 명랑함과 분명한 이유와 빛을 갈무리해 두어야 한다.

789 첫 열정의 불꽃이 사그라지면서, 어둠 속에서 앞으로 나아가기가 힘들어졌다. 하지만 힘든 그런 진전이 가장 견고하다. 그리고 전혀 예상치 못할 때 어둠이 걷히고 열정과 불이 되돌아올 것이다. 인내하라!

790 하느님께서는 당신 자녀인 우리를 공격군으로 원하신다. 우리는 대기하고 있을 수 없다. 우리의 임무는 전투에 임하는 군대처럼 어디에서든 싸우는 것이다.

791 중요한 것은 서둘러 의무를 수행하는 것이 아니라 하느님의 속도에 맞춰, 쉼 없이 의무를 완수하는 것이다.

792 그대에게 지적인 대화자의 유쾌한 매너가 없지 않다…. 그러나 동시에 그대는 매우 무심하다. "남들이 나를 찾아오지 않는 한…"이라며 그대는 변명한다.
그대가 변하지 않는다면, 구체적으로 말해 그대를 기다리는 사람들을 마중 나가지 않는다면, 그대는 결코 효과적인 사도가 될 수 없다.

793 사람들을 주님께로 이끄는 데 매우 중요한 세 가지 요점: 자신을 잊고 오직 아버지 하느님의 영광만 생각하는 것, 예수 그리스도께서 가르치신 대로 자기 뜻을 하늘의 뜻에 자녀답게 순종하는 것, 성령의 빛을 순순히 따르는 것.

794 마리아는 사흘 밤낮으로 잃어버린 아들을 찾는다. 그대와 나도 예수님을 찾으려는 우리의 마음이 쉴 줄 모른다고 할 수 있기를 빈다.

마음

795 행복을 얻기 위해 필요한 것은 편안한 삶이 아니라 사랑하는 마음이다.

796 이십 세기가 지난 지금, 우리는 그리스도의 영이 인간 마음의 갈망을 유일하게 충족시키는 구속 능력을 잃지 않았다고 완벽하게 확신하며 선포해야 한다. 그리고 아우구스티누스 성인이 쓰셨듯이, 하느님 안에서 안식을 얻기까지 계속해서 쉬지 않을 그대 마음에[98] 이 사실을 우선 새겨라.

797 사랑한다는 것은… 온통 한가지 생각만으로 차 있고, 사랑하는 사람을 위해 살고, 자신에게 속하지 않으며, 마음과 영혼을 다해 기꺼이 그리고 자유롭게 자신의 뜻이기도 한 타인의 뜻에 예속되는 것이다.

798 그대는 아직도 구두쇠가 자기 재물을 사랑하듯이, 어머니가 자기 아이를 사랑하듯이 주님을 사랑하지 않는다. 그대는 아직도 자신과 그대의 사소한 것들을 너무 걱정한다! 하지만 예수님께서 이미 그대의 삶에 없어서는 안 될 분이 되셨다

---

98   고백록 1,1 참조.

는 것을 느낀다.
그분의 부르심에 온전히 응답하는 순간, 그분은 그대의 행동 하나하나에서 없어서는 안 될 분이 되실 것이다.

799 이는 연인의 광기인 외침이니 그분께 크게 부르짖으라! "주님, 저는 주님을 사랑하지만… 저를 믿지 마십시오! 날마다 더욱 바짝 저를 주님께 묶어주십시오!"

800 명심하라, 마음은 사랑하기 위해 창조되었다. 그러므로 우리 주 예수 그리스도를 우리의 모든 사랑 안에 모셔 들이자. 그렇지 않으면 텅 빈 마음은 복수를 하여 가장 파렴치한 비열함으로 채워지고 만다.

801 초자연적 감각이 넘쳐나는 사람의 마음보다 더 인간적인 마음이 없다. 은총이 가득하신 성부의 딸, 성자의 어머니, 성령의 배필, 성모 마리아를 생각해 보라. 그분의 마음은 차이나 차별 없이 온 인류를 품는다. 누구나 그분의 아들, 그분의 딸이다.

802 마음이 아주 작은 사람들은 자신의 갈망을 초라하고 외딴 서랍에 보관하는 것 같다.

803   그대는 날마다 주변 사람을 대할 때, 많은 이해와 애정, 그리고 ―당연히― 필요한 만큼의 힘을 갖추며 행동해야 한다. 그러지 않으면 이해와 애정은 결탁과 이기심이 된다.

804   우리의 저 친구는 겉치레뿐인 겸손 없이 이렇게 말했다. "나는 용서하는 법을 배울 필요가 없었다. 주님께서 내게 사랑하는 법을 가르쳐 주셨기 때문이다."

805   용서. 마음을 다한, 뒤끝 없는 용서! 이는 언제나 위대하고 결실이 풍부한 태도다.
십자가에 못 박히신 그리스도의 태도였다. "아버지, 저들을 용서해 주십시오. 저들은 자기들이 무슨 일을 하는지 모릅니다."[99] 그리고 이로부터 그대와 나의 구원이 왔다.

806   그대는 저 사람의 지극히 그리스도적이지 못한 말을 듣고 매우 유감스러워했다. "원수를 용서하십시오. 그것이 그들을 얼마나 분개하게 하는지 상상도 못 할 것입니다!"
그대는 참을 수 없어 차분하게 대꾸했다. "이웃을 모욕하면서 사랑을 싸구려로 만들고 싶지 않습니다. 나는 스승님을 본받고자 하는 갈망으로 사랑하기 때문에 용서합니다."

---

99 루카 23,34.

807 다른 사람의 마음에 상처를 줄 수 있는 모든 것을 조심스럽게 피하라.

808 '아니오'라고 하는 열 가지 방식 중에, 왜 항상 가장 기분 나쁜 방식을 선택해야 하는가? 미덕은 상처를 주고 싶어하지 않는다.

809 보라, 우리는 우리 마음뿐만 아니라 '그분의' 마음 그리고 모든 시대의 전 인류의 마음으로 하느님을 사랑해야 한다. 그렇지 않으면, 우리는 그분의 사랑에 부응하지 못할 것이다.

810 자신을 하느님께 바친 이들이, 노총각 같은 인상을 주거나 그렇게 여겨질 여지를 주는 것을 보면 곤혹스럽다. 그들이 사랑 중의 사랑을 가지고 있는데 말이다!
그토록 많이 사랑하시는 그분을 사랑할 줄 모른다면, 그러면 노총각일 것이다.

811 마음이 사랑과 열정의 바람에 의해 움직이는 풍차에 비교된 적이 있다…. 그 '풍차는' 과연 밀, 보리, 마른 똥…을 갈 수 있다. 우리에게 달렸다!

812 거짓의 아비이자 자만의 희생물인 마귀는 개종자를 만드는 방식에서조차 주님을 흉내 내려 한다. 자세히 보라. 하느님께서 사람을 쓰시어 영혼을 구원하시고 거룩함으로 인도하시는 것처럼, 사탄은 다른 사람들을 이용하여 그 일을 방해하고 심지어 영혼을 파멸로 몰아넣으려 한다. 그리고 ―놀라지 말라― 예수님이 가장 가까운 사람, 친척, 친구, 동료 등을 도구로 삼으시는 것과 마찬가지로, 마귀도 종종 그 소중한 사람들을 움직여 우리를 악으로 이끌려고 한다.

그러므로 혈연관계가 하느님의 길을 따르지 못하도록 얽매는 끈이 된다면, 단호하게 끊어버려라. 그대의 그 결단이 루시퍼의 그 물망에 얽혀 있던 사람들마저 풀어줄지도 모른다.

813 저의 예수님, 사랑하시고 가장 사랑하올 성심을 가진 완전한 인간이 되어 주셔서 감사드립니다! 죽기까지 사랑하시고 고난받으시는 성심. 기쁨과 슬픔으로 가득 차시는 성심. 사람들의 길에 즐거워하며 천국으로 가는 길을 보여 주시는 성심. 영웅적으로 의무에 매이시고, 자비로이 행동하시는 성심. 가난한 이들과 부유한 이들을 지키시는 성심. 죄인과 의인을 돌보시는 성심….

감사드립니다, 저의 예수님! 그리고 당신 성심에 걸맞은 마음을 저희에게 주소서!

814   그대의 가련한 육체—가련한 마음—를 태울 정화의 용광로 같은 사랑을 예수님께 청하라. 지상의 온갖 비참한 것에서 깨끗해지고 자신을 비우고 그분으로 채워지도록 말이다. 사랑만이 그대를 지탱하도록, 현세적인 모든 것에 대한 극단적 혐오를 청하라.

815   그대는 하느님을 사랑해야 한다는 그대의 소명을 아주 분명하게 알았지만, 머리로만 그랬다. 그대는 그대의 마음을 이 길에 쏟았다고 내게 장담하지만, 때때로 정신을 팔고, 심지어 뒤돌아보려고 할 때도 있다. 이는 마음을 완전히 쏟아놓지 않았다는 표시다.
완전하게 헌신하도록 노력하라!

816   "나는 아들이 아버지와 딸이 어머니와 며느리가 시어머니와 갈라서게 하려고 왔다."[100]고 주님이 말씀하신다. 그대는 그분께서 요구하시는 것을 이행함으로써 그들을 정말로 사랑한다는 것을 보여줄 것이다. 그렇기에 개인적인 희생의 순간이 올 때, 그들에 대한 애정—이는 온전해야 한다—을 방패로 삼지 말라. 그렇지 않으면 하느님의 사랑보다 부모 사랑을, 부모 사랑보다 자기 사랑을 앞세우는 것이다.
복음 말씀이 딱 들어맞는다는 것을 이제 더욱 깊이 이해하게 되었는가?

---

100   마태 10,35.

817   마음이란! 때때로 그대 자신도 어찌할 수 없게, 인간적 빛의 그림자가 드리워진다, 미련하고 슬프고 '촌스러운' 기억….
당장 감실을 찾아가라, 직접 혹은 마음으로. 그러면 그대는 빛으로 행복으로 생명으로 돌아올 것이다.

818   우리가 주님을 방문하는 빈도는 믿음과 │마음이라는 두 가지 요소, 즉 진리를 알고 그것을 사랑하는 데에 달렸다.

819   사랑은 자기 부정과 고행으로 강화되기도 한다.

820   그대가 마음이 넓고 조금 더 진실하다면, 별일 아닌 것들로 남을 괴롭히지도 않고, 자신이 괴롭힘당한다고 느끼지도 않을 것이다.

821   그대가 만일 화를 낸다면 ―이는 때로는 의무이고 때로는 약점이다― 몇분을 넘기지 마라. 나아가 언제나 사랑과 애정으로 그리하라.

822   질책? 많은 경우에 필요하다. 그러나 결함을 고치도록 가르쳐야지, 단지 그대의 나쁜 성질을 발산하는 것은 절대 안 된다.

823   누군가를 바로잡아야 할 때, 분명하게 그리고 사랑을 담고 행동해야 한다. 적절하게 입가에 미소도 아끼지 않으면서 말이다. 절대로 독하게 하지 말라, 혹은 아주 가끔만 그렇게 하라.

824   그대는 선과 절대적 진리의 소유자를 자처하여, 어떤 대가를 치러서라도 악을 근절할 개인 자격이나 권리를 받았다고 느끼는가?
그 길로는 아무것도 고치지 못할 것이다. 오직 사랑을 이유로, 그리고 사랑으로 고쳐라! '사랑'이 그대를 용서했고 지금도 용서하고 있다는 것을 기억하면서 말이다.

825   선한 이들을 사랑하라, 그들은 그리스도를 사랑하기 때문이다. 그분을 사랑하지 않는 이들도 사랑하라, 그들에게 이 불행이 있기 때문이다…. 그리고 무엇보다도 그리스도께서는 이들도 저들도 모두 사랑하시기 때문이다.

826   하느님으로부터 너무나도 멀리 있고 방황하는 저 땅 사람들의 모습은 "그들은 목자 없는 양과 같다."[101]라는 주님의 말씀을 떠올리게 했다.
그리고 그대도 마음이 연민으로 가득 차는 것을 느꼈다…. 그대가 있는 그 자리에서 모든 사람을 위해 그대의 삶을 바치기로 결

---

101   마르 6,34.

심하라.

827 "가난한 사람들은 제 최고의 영성서적이자 제 기도의 주된 동기입니다."라고 우리의 그 친구는 말했다. "저는 그들이 아프고 그들과 함께 그리스도가 아픕니다. 그리고 아프기 때문에 제가 그분을 사랑하고 그들을 사랑한다는 것을 알게 됩니다."

828 하느님의 사랑을 우정 가운데 두면, 그 애정은 정화되고 확대되고 영성화 된다. 온갖 찌꺼기, 이기적인 시각, 지나치게 육적인 고려 사항들이 불태워지기 때문이다. 명심하라. 하느님의 사랑은 우리 애정에 질서를 잡아주며 이를 더 순수하게 만들면서 깎아내리지는 않는다.

829 이 상황은 그대 속을 태운다. 그대가 비참한 문둥병자에 불과했을 때 그리스도께서 그대에게 오셨다! 그때까지 그대는 단 한 가지 좋은 성품, 즉 다른 사람들에 대한 관대한 관심만을 키워 왔었다. 그 만남 이후, 그대는 그들 안에서 예수님을 보는 은혜를 받았고, 그분과 사랑에 빠졌으며, 이제는 그분을 그들 안에서 사랑한다…. 그리고 전에 그대가 이웃에게 봉사하게 하던 그 이타주의가 너무 작아 보인다.

830 　그대의 초라한 마음을 마리아의 감미로우시고 티 없으신 마음에 두는 습관을 들여라. 마리아께서 그대 마음을 그 많은 찌꺼기로부터 정화하시고, 지극히 거룩하고 자비로우신 예수 성심께 이끌어 주시도록 말이다.

순결

831 독신이든 기혼이든 사별을 했든 사제이든, 각자 자기 신분에 따른 정결은 승리에 찬 사랑의 단언이다.

832 순결의 '기적'에는 기도와 고행이라는 두 받침대가 있다.

833 정결에 대한 유혹은 감춰져 있을수록 더 위험하다. 유혹이 은밀하게 나타남으로써 이에 더 속기 쉽다.
'이상해 보이고 싶지 않다'는 변명으로도 타협하지 말라!

834 거룩한 순결, 육체의 겸손! "주님, 제 마음에 일곱 개의 빗장을 주십시오."라고 그대는 청했다. 그리고 나는 그대 마음을 위한 일곱 개의 빗장과 그대 젊음을 위한 여든 살의 중후함도 청하라고 충고했다.
그리고 조심해라… 불똥은 불보다 끄기 쉽기 때문이다. 날아라… 여기서는 '용감'한 것이 곧 저속한 비겁함이기 때문이다. 눈을 두리번거리며 다니지 말라… 이는 깨어있는 정신이 아니라 사탄의 올가미를 드러내기 때문이다.
그러나 이 모든 인간의 부지런함과 금욕, 고행, 규율과 단식은, 저의 하느님, 당신 없이는 아무 가치가 없습니다!

835 저 고해 사제는 자신의 어떤 호기심에 대해 고백한 한 세심한 영혼의 욕정을 이렇게 끝장냈다. "수컷과 암컷의 본능이지 뭘!"

836 그 대화에 자발적으로 참여하는 순간, 동의한 불결이 은총을 파괴하듯이, 유혹은 영혼의 평화를 앗아간다.

837 그는 온 몸과 영혼을 다해 문란의 길을 따라갔다. 그의 신앙은 흐려졌다…. 그것이 신앙 문제가 아니라는 것을 잘 알고 있지만 말이다.

838 "신부님은 제 과거에도 불구하고 제가 '또 다른' 아우구스티누스 성인이 될 수 있다고 말씀하셨습니다. 저는 그것을 의심하지 않으며 그것을 증명하려는 노력을 어제보다 오늘 더 하고 싶습니다."
하지만 그대는 히포의 거룩한 주교처럼 용감하게 그리고 뿌리째 싹을 잘라야 한다.

839 그렇다, 뉘우치며 용서를 청하고 그대의 과거 삶에 있었던 순결치 못한 일들에 대해 많은 보속을 하라. 그러나 그것들을 기억하려 들지 말라.

840   시궁창처럼 더러운 그 대화!
　　　그대가 그 대화에 맞장구 치지 않는 것만으로 충분하지 않다. 강하게 역겨움을 드러내라!

841   그대의 영은 점점 작아져 작은 점으로 줄어드는 것 같다. 그리고 그대의 몸은 커지고 거대해져 지배하게 된다. 성 바오로가 그대를 위해 이렇게 썼다. "나는 내 몸을 단련하여 복종시킵니다. 다른 이들에게 복음을 선포하고 나서, 나 자신이 실격자가 되지 않으려는 것입니다."[102]

842   세상 한가운데서 살아가고 일하면서는 순결할 수 없다고 —자신의 슬픈 경험을 통해— 단언하는 사람들은 얼마나 안타까운가!
그러한 비논리적 추론으로는 다른 사람들이 그들의 부모나 형제자매나 배우자의 기억을 모욕해도 불쾌해하지 말아야 한다.

843   다소 거칠지만 노련한 그 고해사제는 이런 말로 한 영혼의 헛소리를 잠재우고 정리하였다. "그대는 지금 소가 가는 길을 가고 있으며, 다음에는 염소의 길로 가는 것에 만족할 것이고, 다음에는… 항상 하늘을 볼 줄 모르는 짐승처럼 말이다."

---

102   1코린 9,27.

844 　그대는… 말 그대로 조그만 한 마리 짐승일 수도 있겠다. 그러나 온전하고 순결한 사람도 있다는 것을 인정해야 할 것이다. 아, 그리고 나중에 그들이 그대에게 기대하지 않거나 제쳐둘 때 짜증 내지 마라. 그들은 영혼과 육체를 가진 사람들과 함께 인간 계획을 세우지… 짐승과 함께하지 않는다.

845 　일부 사람들은 자신의 이익이나 자신을 섬기도록, 이기심에서 아이를 세상에 낳는다. 그들은 자녀가 매우 특별한 책임을 져야 할 하느님의 놀라운 선물이라는 것을 잊는 것이다.
단지 종족을 보존하기 위해 후손을 갖는 것은 미안하지만 짐승도 할 수 있는 일이다.

846 　그리스도인 부부는 생명의 원천을 봉하려 해서는 안 된다. 그들의 사랑은 헌신과 희생인 그리스도의 사랑에 기초하기 때문이다. 게다가, 배우자들은 알고 있다. 토비야가 사라에게 상기시켜 주었듯이, "우리는 성인들의 자녀이기에, 하느님을 알지 못하는 이교도들의 방식으로 함께 할 수는 없다."[103]

847 　어렸을 때 우리는 어두운 골목이나 개가 있는 곳을 지나면 어머니에게 바짝 달라붙곤 했다.
이제 육체의 유혹을 느낄 때, 천국에 계신 우리 어머니의 매우 가

---

[103] 토빗 8,5. Torres Amat (1884) 스페인어성경의 번역.

까운 현존으로, 그리고 화살기도로 그분께 바짝 붙어야 한다. 그분은 우리를 지켜주시고 빛으로 이끌어 주실 것이다.

848 그런 문란한 생활을 한다고 해서 더 남자답지도 않고 더 여자답지도 않다.
이와 반대로 생각하는 사람들은 매춘부나 변태나 타락한 자, 즉 마음이 썩어 천국에 들어갈 수 없을 자들에 자신의 이상을 두는 것일 것이다.

849 매일 실천할 수 있도록 조언을 하나 줘도 될까? 그대 마음이 저속한 경향을 드러낼 때, 원죄 없으신 성모님께 천천히 기도하라. 어머니, 저를 불쌍히 여기시고, 저를 떠나지 마소서! 그리고 이 기도를 다른 이들에게도 권하라.

평화

850 그대 영혼과 마음, 즉 그대 지성과 의지에, 하늘에 계신 아버지의 사랑스런 뜻에 대한 신뢰와 의탁의 정신을 심어라. 거기에서 그대가 갈망하는 내적 평화가 생길 것이다.

851 은총의 '당김'을 거슬러, 통제하려 하지도 않는 정욕에 끌려다니는 그대가 어떻게 평화를 가질 수 있겠느냐? 천국은 위로 밀고 그대는 밑으로 당기니 —오직 그대다, 변명하지 말라!— 그대가 찢어지는 것이다.

852 평화도 전쟁도 모두 우리 안에 있다.
충성심과 전투에서 승리하려는 결단력이 부족하면, 우리는 승리와 평화를 얻을 수 없다.

853 그대의 걱정거리들에 대한 처방: 인내하는 것, 올바른 지향을 갖는 것, 초자연적 관점으로 모든 것을 보는 것이다.

854 두려움과 영적 동요를 즉시 멀리 쫓아버려라. 하느님께서 그대와 함께 계시지 않는가? 그런 반응들은 뿌리부터 피해야 한다. 유혹을 불어나게 하고 위험을 키우기만 할 따름

이기 때문이다.

855 모든 것이 가라앉고 끝이 나더라도, 엄청난 역경으로 사건들이 계획과 반대로 펼쳐지더라도, 불안에 빠져 얻을 것이 하나도 없다. 또한, 예언자의 확신에 찬 기도를 기억하라. "주님은 우리의 통치자 주님은 우리의 지도자 주님은 우리의 임금님 그분께서 우리를 구원하시리라."[104]
우리의 유익을 위해 우리를 다스리시는 하느님 섭리의 계획에 그대 행동이 부합하도록 이 기도를 날마다 경건하게 바쳐라.

856 그대 시선을 하느님께 고정함으로써 걱정 앞에서도 평온을 유지하고, 사소한 일과 원한과 시기를 잊는 법을 배울 수 있다면, 사람들을 섬기기 위해 효과적으로 일하는 데 필요한 많은 에너지의 손실을 막을 수 있을 것이다.

857 그 친구는 자신이 우리의 '친구' 없이 혼자였던 적이 없었기 때문에, 지루한 적이 없었다고 솔직하게 털어놓았다. 짙은 침묵 안에서 날이 지고 있었다…. 그대는 하느님의 현존을 아주 강력하게 느꼈고 그 현실과 함께 엄청난 평화가 찾아왔다.

858 저 여행 분위기 속에서, 한 형제의 활기찬 인사가 세상의 정직한 길들이 그리스도께 열려 있음을 그대에게 상

---

104   이사 33,22.

기시켜 주었다. 남은 것은 우리가 정복의 정신으로 그 길을 다니기 위해 나아가는 것뿐이다.
맞다, 하느님은 당신 자녀들을 위해 세상을 창조하셨다. 그들이 세상에 살며 세상을 거룩하게 하도록 말이다. 무엇을 기다리고 있느냐?

859   그대는 지극히 행복하다. 때때로 하느님 자녀 중 한 사람이 그분을 떠난다는 사실을 알고, 그대는 마음속 평화와 기쁨 중에 동요와 불안과는 거리가 먼 애정의 아픔, 씁쓸함을 느낀다.
좋다, 그러나… 그가 반응하도록 모든 인간적 그리고 초자연적 수단을 사용하고… 확신에 차 예수 그리스도를 신뢰하자! 이렇게 하면, 물은 항상 수로로 되돌아간다.

860   진정으로 주님께 의탁할 때, 그대는 현실에 만족하는 법을 배우고, 일에 온 노력과 적절한 수단을 쏟았음에도 불구하고 마음대로 되지 않아도, 평온을 잃지 않는 법을 배울 것이다. 그 일은 하느님의 마음대로 되었을 것이기 때문이다.

861   그대는 여전히 실수와 잘못을 저지르고 그로 인해 아파한다. 그러면서도 그대는 터질듯한 행복에 젖어 길을 걸어간다.
그대가 사랑의 아픔으로 아파하기 때문에 그대의 실패로 인해 더 이상 평화를 잃지 않는 것이다.

862   어둠이 주위를 감싸고 영혼이 눈멀고 불안해 할 때, 우리는 바르티매오처럼 빛이신 분께 가야 한다. 계속해서 외쳐라, 더 세게 부르짖어라. "Domine, ut videam!" 주님, 제가 볼 수 있게 해주십시오![105] 그러면 그대 눈에 날이 밝아올 것이고, 그분이 주시는 빛으로 기뻐할 수 있을 것이다.

863   그대 성격의 거친 부분, 그대의 이기심, 그대의 편안함을 쫓는 마음, 그리고 그대의 비호감에 맞서 싸워라. 우리는 공동 구속자가 되어야 한다는 사실 외에도 그대가 받게 될 상은 ―잘 생각해보라― 그대가 심은 것과 직접 연관이 있을 것이다.

864   그리스도인의 임무는 선의 풍성함으로 악을 덮어버리는 것이다. 부정적 운동이나 무엇을 반대하는 것이 아니다. 오히려, 젊음과 기쁨과 평화를 안고, 낙관에 차서 긍정으로 사는 것이다. 그리스도를 따르는 사람들과 그분을 버리거나 그분을 알지 못하는 사람 모두를 이해심으로 바라보는 것이다.
그러나 이해는 기권이나 무관심이 아니라 활동을 의미한다.

865   그대는 그리스도적 자애와 인간적 품격을 이유로, 누구와도 메울 수 없는 거리를 만들지 않으려 노력해야 한다. 이웃에게 빠져나갈 통로를 항상 열어두어 그가 진리에서 더 멀어지지 않도록 해야 한다.

---

105   루카 18,41.

866 　폭력은 설득하는 데 좋은 수단이 아니고, 사도직에서는 더더욱 그렇다.

867 　폭력적인 사람은 첫 전투에서 이기더라도 항상 패배한다…. 자신의 이해심 부족에서 비롯된 외로움에 둘러싸이고 말기 때문이다.

868 　폭군의 전술은 단결하면 자신을 무너뜨릴 수 있는 사람들을 서로 다투게 하는 것이다. 이는 적들, 즉 마귀와 그의 동료들이 많은 사도적 계획을 저지하기 위해 사용해온 오래된 계략이다.

869 　형제들만 있는 곳에서 경쟁자를 보는 사람은 그리스도인이라는 자기 고백을 자신의 행위로 부인한다.

870 　공격적이고 굴욕적인 논쟁으로는 문제 해결이 거의 이뤄지지 않는다. 그리고 논쟁자들 사이에 광신자가 있다면, 문제가 절대로 해결되지 않는 것은 물론이다.

871 　나는 그대의 분노와 실망을 이해할 수 없다. 그대가 한 그대로, 즉 말과 행동으로 모욕하는 쾌감으로 그들이 되갚은 것이다.
이 교훈을 배우고 앞으로는 함께 사는 사람들도 감정이 있다는 사실을 잊지 말라.

872 가혹하고 부당하게 공격받던 그 시간에, 나는 그대가 평화를 잃지 않도록 이렇게 상기시켰다. "만일 그들이 우리 머리를 깨뜨려도 대수롭지 않게 여겨야 할 것이다. 쪼개진 머리로 다녀야 하는 것일 거다."

873 역설: "네 근심을 주님께 맡겨라. 그분께서 너를 붙들어 주시리라."[106]라는 시편의 충고를 따르겠다고 결심한 이래, 날마다 내 머리속에서 걱정거리가 없어진다. 동시에 마땅한 노력을 통해 모든 것이 더 확실하게 해결된다!

874 성모 마리아는 교회의 호칭대로 평화의 여왕이다. 따라서 그대 마음, 그대 가족 또는 직업 환경, 사회공존 또는 민족들의 공존이 혼란해질 때, "Regina pacis, ora pro nobis!" "평화의 모후여, 저희를 위하여 빌어주소서!"라며 이 호칭으로 그분을 끊임없이 불러라.
적어도 평정을 잃었을 때 이렇게 해 본 적이 있느냐? 그대는 그 즉각적 효과에 놀랄 것이다.

106　시편 55,23.

저승

875 참된 그리스도인은 언제나 하느님 앞에 설 준비가 되어 있다. 그가 그리스도의 사람으로 살아가려고 노력한다면, 매 순간 자신의 의무를 이행할 준비가 되어 있기 때문이다.

876 죽음 앞에서 평온하기를! 그대에게 바란다. 이교도의 차가운 금욕주의가 아니라, 삶은 변할 뿐, 사라지지 않는다는 것을 아는 하느님 자녀의 열정으로 말이다. 죽는 것? 바로 사는 것!

877 법학 박사이자 철학 박사인 그는 마드리드 대학에서 교수직을 위한 시험을 준비하고 있었다. 훌륭하게 해낸 두 가지의 훌륭한 경력이었다.
나는 그에게서 몸이 아프니 만나러 와 달라는 메시지를 받았다. 그가 머물고 있는 숙소에 도착하니, "신부님, 저 죽습니다."라며 인사했다. 나는 애정을 담아 그를 격려했다. 그는 총 고백을 하기를 원했고 그날 밤 죽었다.
건축가 한사람과 의사 한사람이 내가 염하는 것을 도와주었다. 그리고 빠르게 부패하기 시작한 그 젊은 시신을 보면서, 우리 세 사람은 그가 훌륭한 그리스도인으로서 방금 마무리한 결정적 경력에 비하면, 대학의 두 경력은 아무것도 아니라는 데 동의했다.

878 죽음을 제외한 모든 것은 해결 가능하다. 그리고 죽음은 모든 것을 해결한다.

879 죽음은 필연적으로 찾아올 것이다. 그러므로 지금의 삶에 실존의 중심을 두는 것이 얼마나 공허한 허망인가! 많은 사람들이 고통받는 것을 보라. 어떤 사람들은 삶이 끝나기 때문에 고통스럽고, 다른 사람들은 지속되기 때문에 싫증이 난다…. 어떤 경우에도, 이 세상에서의 여정이 목적이 되는 잘못된 생각은 들어설 여지가 없다.
이 논리를 뒤로하고 다른 논리, 즉 영원한 논리에 닻을 내려야 한다. 완전한 변화가 필요하다. 자아로부터, 지나가고 말 자기 중심적 동기로부터 벗어나, 영원하신 그리스도 안에서 다시 태어나야 한다.

880 죽음에 대해 생각할 때, 그대의 죄에도 불구하고 두려워하지 말라. 그분은 그대가 그분을 사랑한다는 것과… 그대가 무엇으로 만들어졌는지를 이미 알고 계시기 때문이다. 그분을 찾으면, 그분은 아버지가 탕자를 반기셨듯이 그대를 맞아들이실 것이다. 그러나 그대는 그분을 찾아야만 한다!

881 "Non habemus hic manentem civitatem"[107] 이 땅 위에는 우리를 위한 영원한 거처가 없다. 그리고 우리가 이를 잊지 않도록 때때로 죽음의 순간에 이 진리가 날것으로 나타난다. 몰이해, 박해, 멸시 그리고 항상 외로움, 아무리 우리가 애정에 둘러싸여 있더라도 누구나 혼자 죽기 때문이다.
모든 계류를 풀어버리자! 우리를 지극히 거룩하신 삼위일체의 영원한 현존으로 인도할 그 순간을 대비하여 끊임없이 준비하자.

882 시간은 우리의 보물, 영원을 사기 위한 우리의 '돈'이다.

883 그대는 생명이란 하느님을 섬기는 데 쓰여지고 불태워지는 것이라는 생각에 위로를 받았다. 이런 식으로 그분을 위해 우리 자신을 온전히 쓰고 나면, 우리에게 '생명'을 얻어줄 죽음의 해방이 올 것이다.

884 내 친구인 그 사제는 하느님을 생각하며, 아버지이신 그분의 손을 잡고, 본질적인 진리를 남들이 자신의 것으로 만들 수 있도록 도와주며 일했다. 그래서 그는 스스로에게 말했다. "네가 죽어도 모든 것이 잘될 거야. 그분께서 계속 돌봐 주실 테니까."

---

107 히브 13,14: "땅 위에는 우리를 위한 영원한 도성이 없습니다."

885 죽음을 비극으로 만들지 말라, 비극이 아니기 때문이다. 사랑이 없는 자식들만 부모와의 만남을 고대하지 않는다.

886 여기 아래의 모든 것은 한 줌의 재다. '최근에' 죽은 수백 만의 '중요한' 사람들을 생각해보라. 아무도 기억하지 못한다.

887 위대한 그리스도교적 혁명은 이것이다. 고통을 유익한 고난으로 바꾸고 악을 선으로 바꾸는 것이다. 우리는 이 무기를 악마에게서 빼앗았다…. 그리고 그것으로 영원을 정복한다.

888 길을 완벽하게 잘 알고 그것을 남들에게 가르치고 요구하면서도 스스로 밟아보지 않은 사람들에게는 심판이 끔찍할 것이다.
하느님께서는 그들을 그들의 말로 심판하시고 단죄하실 것이다.

889 연옥은 하느님과 하나되기를 갈망하는 사람들의 결함을 씻어주는 하느님의 자비다.

890 지옥만이 죄의 형벌이다. 죽음과 심판은 하느님의 은총 안에서 사는 사람들은 두려워하지 않는 죄의 결과일

뿐이다.

891 만일 자신이 너무 보잘것없어 보여 우리 자매인 죽음을 생각하며 불안한 마음이 들 때가 있다면, 용기를 내어 생각해 보라. 우리를 기다리는 저 천국에서 하느님의 모든 아름다움과 위대함, 모든 무한한 행복과 사랑이 창조된 인간인 가련한 흙 그릇에 부어져 언제나 새로운 기쁨의 신선함으로 그를 영원히 만족시킬 때, 어떻겠는가?

892 이 삶의 쓰라린 불의와 부딪힐 때, 정직한 영혼은 영원한 하느님의 영원한 정의를 생각하며 얼마나 기뻐하는가! 그리고 자신의 결함을 알면서도, 실현을 향한 갈망으로 바오로의 탄성을 발한다. "Non vivo ego"[108], 즉 이제는 내가 사는 것이 아니다! 그리스도께서 내 안에 사신다! 그리고 영원히 그러실 것이다.

893 삶의 매 순간을 영웅적 덕행으로 산 이들은 죽을 때 얼마나 행복할까! 나는 이를 장담할 수 있다. 잔잔한 조바심으로 이 조우를 위해 오랫동안 채비를 해온 이들의 기쁨을 목격했기 때문이다.

894 우리 중 누구도 주님을 저버리지 않도록 청하라. 우리가 바보짓을 하지 않는 한, 어렵지 않을 것이다. 우리 아버

---

108 갈라 2,20.

지 하느님께서는 모든 것을 도우시기 때문이다. 심지어 이 세상에서 우리의 귀양살이가 한동안만 이게 하시면서 말이다.

895 　죽음에 대한 생각은 사랑의 미덕을 기르는 데 도움이 될 것이다. 저 구체적 순간이 이 사람이나 저 사람과 함께 보내는 마지막 순간일 수 있기 때문이다. 그들이나 그대나 나나 언제든 떠날 수 있다.

896 　하느님에 대한 욕심을 가진 영혼이 이렇게 말하곤 했다. "다행히도 우리 인간은 영원하지 않다!"

897 　그 뉴스는 나를 생각에 빠지게 했다. 해마다 5,100만 명, 1분마다 97명이 죽는다. 스승님의 말씀대로, 어부는 그물을 바다에 던지고, 천국은 쓰레그물 같으며… 거기에서 좋은 것들은 골라내고, 나쁜 것, 쓸모없는 것들은 영원히 버려질 것이다! 해마다 5,100만 명, 1분마다 97명이 죽는다. 다른 사람에게도 알려라.

898 　우리 어머니는 몸과 마음으로 천국에 승천하셨다. 자녀로서, 우리는 그분에게서 떨어지고 싶지 않다고 자꾸 말씀드려라. 그분은 들어주실 것이다!

혀

899 방언의 은사, 즉 하느님에 대한 지식을 전달하는 능력. 사도가 되려는 이에게는 없어서는 안 될 능력이다. 그래서 나는 날마다 주 하느님께 당신의 자녀 한 사람 한 사람에게 그 은사를 주시도록 청한다.

900 불필요하게 상처를 주거나, 사랑을 파괴하는 퉁명스러운 거절을 하지 않고 '아니오'라고 말하는 법을 배워라. 그대는 항상 하느님 앞에 있다는 것을 명심하라!

901 내가 똑같은 방식으로 똑같은 본질적인 것들을 강조해서 불쾌한가? 최신 유행의 흐름을 고려하지 않아서 불편한가? 보라, 직선은 수 세기 동안 같은 방식으로 정의되어 왔다. 가장 명확하고 짧기 때문이다. 다른 정의는 더 모호하고 복잡할 것이다.

902 모든 것과 모든 사람, 특히 하느님을 위해 일하는 사람들에 대해 우호적으로 말하는 데 익숙해져라.
그리고 이것이 가능하지 않을 때에는 침묵하라! 날카롭거나 가벼운 말이라도 뒷담화나 중상모략으로 이어질 수 있다.

903   한 청년이 자신을 하느님께 더욱 온전히 바친 후 한 말이다. "이제 내가 해야 할 일은, 말을 줄이고 병자를 방문하고 바닥에서 자는 것입니다."
이 말을 그대 자신에게 적용하라.

904   그리스도의 사제들에 대해서는 오직 칭찬하기 위해서만 이야기해야 한다!
형제들과 내가 평소 우리 행동에서 이것을 명심하기를 온 마음으로 기원한다.

905   거짓에는 여러 가지 측면이 있다. 과묵함, 음모, 비방… 하지만 이것은 언제나 비겁한 자들의 무기다.

906   그대가 첫 대화나 마지막 대화에 압도당하는 것은 합리적이지 못하다!
존중과 관심을 가지고 경청하고, 사람들을 신뢰하라…. 그러나 그대의 판단을 하느님 앞에서 걸러라.

907   그들은 험담을 퍼뜨리고 나서, 즉시 누군가가 그대에게 와서 '하더라'를 알리게 만든다. 분명 악랄하다. 하지만 평화를 잃지 마라. 그대가 정직하게 일한다면, 그들의 혀는 그대에게 해를 끼칠 수 없다. 이렇게 생각해라. "참으로 멍청하고 눈치없고, 형제들과 특히 하느님에 대한 의리가 없구나!"

그리고 그릇된 반박의 권리를 빌미로 그대도 험담에 빠지는 일이 없도록 해라. 만일 말을 해야 한다면, 복음서가 권고하듯이 형제적 충고를 해라.

908 이런 반대나 저런 구설수에 신경 쓰지 말라. 우리가 하느님의 일을 하는 것은 사실이지만, 우리는 인간이다…. 그러니 길을 가면서 먼지를 일으키는 것은 당연하다. 거슬리고 상처주는 그것들을 그대의 정화를 위해, 그리고 필요하다면 자신의 행동을 바로잡기 위해 이용하라.

909 뒷담화가 극히 인간적이라고 사람들은 말한다. 나는 우리가 신적으로 살아야 한다고 답한다.
한 사람의 악의적 혹 가벼운 말이 여론을 조성할 수 있고, 심지어 누군가를 욕하는 것이 유행하게 할 수 있다. 이어서 그 험담은 아래에서 피어올라 높은 곳에 도달해, 먹구름이 될 수도 있다.
그러나 괴롭힘 당하는 사람이 하느님의 사람일 때, 구름은 어쨌거나 축복의 비로 해소된다. 그리고 주님께서는 모욕과 불명예를 안기려던 바로 그 점에서 그 사람을 들어 높이신다.

910 그대는 믿고 싶지 않았지만, 그것을 직접 겪고 나서 증거에 항복해야 했다. 그대가 단순하게 그리고 건전한 가톨릭 정신으로 한 그 진술을 신앙의 적들이 악의로 왜곡한 것이다.

맞다. 우리는 비둘기처럼 순박하고… 뱀처럼 슬기로워야 한다.[109] 마땅한 때와 장소가 아니거든 말하지 말라.

911   그대가 그 사람의 올곧은 행동을 본받는 방법을 모르거나 본받기를 원하지 않아서, 그대의 은밀한 질투가 그를 조롱하도록 부추기는 것이다.

912   험담은 시기의 자식이고 시기는 결실이 없는 자들의 피난처다.
그러므로 불모에 직면할 때, 그대의 의도를 돌아보라. 그대가 계속 일하고, 다른 사람들의 성과에 배 아파하지 않는다면, 그 불모는 겉보기일 뿐이다. 때가 되면 수확을 거둘 것이다.

913   남을 해치거나 괴롭히지 않으면 자신이 쉬고 있다고 생각하는 사람들도 있다.

914   때때로 뒷말하는 사람들은 마치 마귀에 들린 소인 같다는 생각이 든다…. 마귀는 늘 하느님이나 하느님을 따르는 이들에 대한 비난의 악령으로 교묘하게 유혹하기 때문이다.

915   "말도 안 되는 것들!" 그대는 경멸적으로 말한다.
그 '것'들을 아는가? 아니라고? 그러면 모르는 것에 대

---

109   마태 10,16 참조.

해 왜 말하는가?

916 그 뒷담화하는 사람에게 이렇게 대답하라. "그에게 전해주겠다." 혹은 "당사자와 얘기하겠다."

917 한 현대 작가가 이렇게 썼다. "돌아다니며 씹어대는 것은 언제나 비인간적이고, 높지 않은 개인 수준을 드러내고, 교육받지 못했다는 표시이고, 고귀한 감성의 결여를 보이며, 그리스도인에게 합당하지 않다."

918 불평 비판 뒷담화를 절대 피하라. 형제자매 사이에 불화를 일으킬 수 있는 모든 것을 단호하게 피하라.

919 고위직에 있는 그대가 그대 말에 귀 기울이는 이들의 침묵을 동의의 표시로 해석한다면, 경솔한 것이다. 그대가 그들이 제안하도록 허용하지 않고, 만일 그들이 뭔가를 제안하게 되면 기분 상한다는 점을 되새겨봐라. 그대는 자신을 개선해야 한다.

920 명예훼손에 대한 그대의 태도는 이래야 한다. 첫째, 용서하기: 모든 사람을 처음부터 마음으로 용서하라. 그런 다음, 사랑하기: 사랑에 반하는 그 어떤 행동도 스스로에게 허용하지 말라. 늘 사랑으로 응답하라!

그러나 그대 어머니인 교회가 공격받는다면 용감하게 맞서라. 침착하지만 단호하게, 불굴의 의지로, 길을 더럽히거나 가로막지 못하게 하라. 차례가 오면 개인적인 모욕은 기꺼이 용서하고 자비로이 응하고자 하는 영혼들이 가야 할 바로 그 길 말이다.

921   뒷담화에 질린 어떤 사람이 이렇게 말한 적이 있다. "가장 작은 마을도 수도와 같아야 합니다."
그 불쌍한 사람은 둘 다 같다는 것을 몰랐다.
하느님과 이웃에 대한 사랑으로 그대는 그런 촌스럽고 그리스도인답지 못한 결점에 빠지지 말라. 그리스도의 첫 제자들에 관해 이런 말이 돌았다. "그들이 서로 얼마나 사랑하는지를 보라!" 그대와 나를 두고 평소에 이런 말이 나올 수 있겠는가?

922   사도적 사업들에 대한 비판은 보통 두 가지 유형이다. 어떤 이들은 그 일을 엄청 복잡한 구조로 묘사하고 다른 이들은 편하고 쉬운 일로 평가한다.
결국 이러한 '객관성'은 말많은 태만이 섞인 편협한 시야로 요약된다. 화내지 말고 물어보라. "당신들은 하는 것이 무엇인가?"

923   그대 종교의 계명들에 관해서 호의는 요청할 수 없을지라도 존중은 요구해야 한다.

924 하느님께 충성하는 그 친구에 대해 그대에게 험담한 자들은 그대가 더 잘 행동하기로 결심할 때는 그대를 비방할 자들이다.

925 어떤 말들은 자신에게 해당된다고 생각하는 이들에게만 상처가 된다. 그러므로 마음과 영혼을 다해 주님을 따를 때, 비난은 정화로 받아들여지고 발걸음을 재촉하는 박차로 쓰여진다.

926 지극히 거룩하신 삼위일체께서 우리 어머니에게 화관을 씌워주셨다.
성부, 성자, 성령 하느님께서는 온갖 헛된 말의 책임을 물으실 것이다. 성모 마리아께 언제나 주님의 현존 안에서 말하도록 가르쳐 달라고 청해야 할 또 다른 이유이다.

전파

927 명심하라. 그대의 사도직은 선의, 빛, 열정, 관대함, 희생정신, 일에서의 꾸준함, 공부에서의 깊이, 자기 봉헌의 폭, 시의성, 교회에 대한 절대적이고 즐거운 순종, 그리고 완성된 사랑을 전파하는 것이다.
가지고 있지 않은 것을 줄 수는 없다.

928 아직 젊고 이제 막 여정을 시작하는 그대에게 주는 조언: 하느님께서는 모든 것을 받으시기에 마땅하시니, 직업적으로 뛰어나도록 노력하라. 나중에 그대의 생각을 더 효율적으로 전파할 수 있도록 말이다.

929 잊지 말라. 우리가 확신할수록 더 잘 확신시킬 수 있다.

930 "등불은 켜서 함지 속이 아니라 등경 위에 놓는다. 그렇게 하여 집 안에 있는 모든 사람을 비춘다. 이와 같이 너희의 빛이 사람들 앞을 비추어, 그들이 너희의 착한 행실을 보고 하늘에 계신 너희 아버지를 찬양하게 하여라."[110]
그리고 지상에서의 시간이 끝날 무렵, 예수님은 "Euntes docete"

110　마태 5,15-16.

"가서 가르쳐라."¹¹¹ 하고 명령하신다. 주님은 제자들의 언행과 그대 언행에서도 당신의 빛이 비추기를 원하신다.

931   얼마나 자주 많은 사람들이 자유라는 이름으로! 가톨릭 신자가 그저 좋은 가톨릭 신자일 것을 두려워하고 심지어 반대하는지, 놀라울 뿐이다.

932   비방과 암시를 퍼뜨리는 자들을 경계하라. 누구는 별 생각 없이, 누구는 악의로 그것들을 받아들여 주변의 평온을 깨뜨리고 여론을 오염시킨다.

참된 사랑은 때때로 그런 잘못과 그 조장자들에 대한 비난을 요구한다. 그러지 않으면, 그들과 그 말을 듣는 이들은 비뚤어지고 잘 형성되지 못한 그들의 양심에 따라 이렇게 생각할 수 있다. "침묵은 곧 인정이다."

933   수세기가 지나도 가톨릭 신앙은 변하지 않기 때문에 분파주의자들은 그들이 말하는 '우리의 광신'에 반대를 외친다.

반면에 분파주의자들의 광신은 진리와 관련 없기 때문에 각 시대에 옷을 바꾸고 그들의 행적에 비춰볼 때 말뿐인 허상을 성교회에 맞서 치켜세운다. 얽매는 '자유'; 밀림으로 돌아가게 하는 '진보'; 무지를 숨기는 '과학'…. 늘 낡고 망가진 상품을 덮는 깃발들

---

111   마태 28,19-20 참조.

이다.

유일한 진리를 유일하게 지키는 신앙에 대한 '그대의 광신'이 날마다 더 강해지길 바란다!

934   일부 사람들의 폐쇄적 태도에 겁먹거나 놀라지 말라. 교양을 자랑하며 무지의 무기를 휘두르는 어리석은 자들은 늘 존재할 것이다.

935   주님을 미워하는 자들과 그분을 섬긴다고 주장하는 이들이 하느님의 자녀인 그리스도인들에게 맞서, 서로 다른 욕망으로 그러나 팔짱을 끼고 행진하는 모습을 보면 참으로 안타깝다.

936   어떤 사회적 환경들, 특히 지식인의 영역에서 심지어 몇몇 가톨릭 신자들까지 따르는 '파벌들'의 공모 같은 것이 보이고 체감된다. 그들은 냉소적인 끈기로 교회나 개인과 단체들에 그림자를 드리우고자 그 어떤 진리나 논리에 반하는 비방을 유지하고 퍼뜨린다.

매일같이 믿음을 가지고 기도하라. "Ut inimicos Sanctae Ecclesiae —그들이 적을 자처하는 것이다— humiliare digneris, te rogamus audi nos!"[112] 주님, 당신을 박해하는 이들을 저희가 전파

---

112   성인 호칭기도 중. 라틴어를 그대로 번역하면 이렇다: "거룩한 교회의 적들을 굴복시켜 주시기를 청하오니, 저희의 기도를 들어주소서."

하기로 결심한 당신 빛의 선명함으로 혼란에 빠트리소서.

937   가톨릭의 그 이념이 오래되어서 받아들일 수 없다고? 태양은 더 오래되었지만 빛을 잃지 않았고, 물은 더 오래되었지만 여전히 갈증을 해소하고 상쾌함을 준다.

938   좋은 목적을 위해서라도 역사나 삶을 왜곡하는 것은 용납될 수 없는 일이다. 그러나 인생을 교회를 박해하는 데에 바친 적들을 떠받드는 것은 큰 실수다. 확신하라. 그리스도인들이 존재해서는 안 될 받침대를 세우는 데 협조하지 않는다고 해서 역사적 진실이 훼손되지 않는다. 언제부터 증오가 모범이 되었는가?

939   그리스도교의 전파는 적대감을 불러일으키거나 우리 교리를 모르는 이들에게 상처를 줄 필요가 없다. 사랑으로 나아간다면, "caritas omnia suffer!" ―사랑은 모든 것을 견디어낸다―,[113] 반대하던 이도 자신의 잘못에 실망하여 진심으로 그리고 조심스럽게 헌신하게 될지도 모른다. 하지만 순진한 '믿음의 폭'의 이름으로 교리를 양보하는 일은 있을 수 없다. 누가 이런 식으로 행동한다면 그 사람은 교회 밖으로 밀려날 위험에 처하고, 남에게 선을 행하는 대신, 자신에게 해를 끼칠 수 있기 때문이다.

---

113   1코린 13,7.

940 그리스도교는 '특이하다.' 이 세상 것들에 맞추려 하지 않는다. 그리고 이것이 아마도 그의 '가장 큰 단점'이자 세속 사람들의 깃발일 것이다.

941 어떤 사람들은 하느님에 대해 아무것도 알지 못한다. 아무도 그들에게 알아듣게 말해주지 않았기 때문이다.

942 그대 지능이 미치지 못하는 곳에는 그대의 거룩한 재능이 미치도록 청하라. 모든 사람을 더 많이 그리고 더 잘 섬길 수 있도록 말이다.

943 잘 들어라, 사도직과 교의 교육은 실핏줄이어야 한다. 일대일로, 한 신자가 그의 이웃 동료에게.
우리 하느님의 자녀들에게는 각 영혼이 중요하기 때문에 모든 영혼이 중요하다.

944 그대 입에서 하느님을 거스르는 말이 절대 나오지 않도록 착한 의견의 어머니이신 복되신 동정녀에게서 피난처를 찾아라.

책임

945 우리 그리스도인들이 정말로 우리 신앙에 따라 산다면, 역사에서 가장 위대한 혁명이 일어날 것이다…. 공동 구속의 효과는 우리 각자에게도 달려 있다! 묵상해 보라.

946 하느님 앞에서 오직 의무만이 있다는 것을 깨달을 때 그대는 전적으로 자신의 책임을 느낄 것이다. 권리는 하느님께서 알아서 베풀어 주실 것이다!

947 날마다 다른 사람들을 염려하고 돌보는 것이 습관이 되어서, 자신의 존재조차 잊게 되기를 바란다!

948 어려운 순간에 이 생각이 도움이 될 것이다. "내 성실성이 커지면 커질수록 다른 사람들이 이 덕을 키우는 데 더 도움을 줄 수 있을 것이다." 서로에게 의지한다는 것은 정말로 매력적인 것이다!

949 이론만 내세우지 말라. 저 거대한 이상들을, 결실을 보는 영웅적 일상의 현실로 바꿔줄 책임자는 바로 하루하루 우리의 삶이다.

950 　　오래된 것들은 과연 존중과 감사를 받을 자격이 있다. 배우는 것은 좋다. 경험을 고려하는 것도 그렇다. 그러나 과장하지는 말자. 모든 것이 때가 있다. 우리가 몸에 딱 붙는 상의에 타이츠를 입고 분칠한 가발을 쓰지는 않지 않는가?

951 　　화내지 말라. 무책임한 행동은 종종 올바른 정신의 결여보다는 생각이나 교육의 결여를 나타낸다.
교사와 지도자들에게 책임감 있는 업무 수행을 통해 이런 부분을 채워줄 것을 요구해야 할 것이다.
그리고 자신이 이러한 직책을 맡고 있다면, 스스로를 돌아봐야 할 것이다.

952 　　그대는 아늑하고 깔끔한 집 안에 문제없이 지내며 행복밖에 모르는 '착한 소년'으로 사는 것에 만족하거나 그렇게 살아야 한다고 생각할 큰 위험에 처해 있다.
그것은 나자렛 가정의 만화다. 그리스도께서는 행복과 질서를 가져다주셨기 때문에 모든 시대의 남녀에게 그 보물을 퍼뜨리기 위해 나가셨다.

953 　　모든 사람이 그리스도를 알기를 바라는 그대의 갈망은 매우 당연해 보인다. 그러나 그대와 함께 사는 사람들의 영혼을 구하고, 직장이나 학교 동료 한명 한명을 성화하는 그 책임부터 시작하라…. 이것이 주님께서 그대에게 맡기신 주요 사명이다.

954 그대의 일자리 분위기가 그대에게, 오직 그대에게 달린 것처럼 행동하라. 열심히 일하면서, 쾌활하게, 하느님의 현존 안에서 초자연적 관점으로 지내는 분위기를 조성하라.

나는 그대의 무관심을 이해할 수 없다. 조금 어려운 동료들을 만나면 ―어쩌면 그대의 포기로 인해 어려워졌을 수도 있다― 그대는 그들에게 무심하고 책임을 피하며, 그들을 무거운 짐, 사도적 환상을 방해하는 걸림돌로 보거나, 그대를 이해하지 못할 것이라고 생각한다….

기도와 고행으로 그들을 사랑하고 섬기는 동시에 그들에게 말하지 않는다면, 어떻게 듣기를 바라느냐?

이 사람, 저 사람, 또 저 사람에게 다가가기로 결심하는 날, 그대는 놀람을 금치 못할 것이다! 또한 그대가 바뀌지 않는다면, 그들이 그대를 손가락으로 가리키며 이렇게 말할 수 있을 것이다. "Hominem non habeo!"[114] "나를 도와주는 사람이 아무도 없다!"

955 보라. 거룩한 것들을 거룩하게 보고 거룩하게 매일 실행할 때… '일상적인' 것들이 되지 않는다. 이 땅에서 예수 그리스도의 행적은 전부 인간적이었고 동시에 신적이었다!

956 그대는 다른 사람들처럼 대중의 믿음으로 사는 것으로 만족할 수 없다고 내게 말한다. 과연, 개인적인 믿음을 가져야 한다. 책임감을 가지고 말이다.

---

114 요한 5,7.

957 지극히 거룩하신 삼위일체께서는 당신 은총을 주시며 이를 책임감 있게 사용하기를 기대하신다. 그 많은 혜택 앞에서, 그대는 안일하고 느리고 게으른 태도를 가질 수는 없다. 무엇보다도 영혼들이 그대를 기다리기 때문이다.

958 큰 문제가 있는 그대를 위해: 이 문제를 잘 정의한다면, 즉 침착하면서 책임지는 초자연적 관점에서 이를 접근한다면, 해결책이 반드시 보일 것이다.

959 아이들을 품에 안을 때, 어머니들은 ―좋은 어머니들은― 아이들이 다칠 수 있는 바늘을 지니지 않는다. 사람들을 다룰 때, 우리는 모든 상냥함과… 필요한 모든 결단력을 지녀야 한다.

960 "Custos, quid de nocte!"[115] 경비병, 경계하라!
그대도 일주일중에 당직 서는 날을 갖는 습관을 들이면 좋겠다. 자신을 더 봉헌하고, 더 큰 사랑의 경계로 세세한 일 하나하나를 실천하고, 좀 더 기도하고 고행하기 위해서다.
거룩한 교회는 전투 태세를 갖춘 거대한 군대와 같다. 그리고 그대는 그 군대에서 공격과 싸움 그리고 반격이 펼쳐지는 '전선' 하나를 지킨다. 알겠는가?
이런 준비는 그대를 하느님께 더 가까이 다가가게 하여 하루 하

---

115 이사 21,11: "파수꾼아, 밤이 얼마나 지났느냐."

루가 당직날이 되게 해줄 것이다.

961 '잃어버린' 성소나 끊임없는 은총의 부르심에 대한 거절의 이면에는 이를 허락하시는 하느님의 뜻을 봐야 한다. 그렇다. 그러나 솔직히 말하자면, 우리는 이것이 면죄부도 면책도 아니라는 것을 잘 알고 있다. 왜냐하면 그 이면에 당신을 위해 우리를 찾았지만 아무런 응답도 얻지 못하신 하느님의 뜻에 대한 개인의 불이행을 보기 때문이다.

962 만일 그대가 자기 나라를 정말로 사랑한다면 ―나는 그러리라고 확신한다― 그대는 눈앞에 닥친 위험으로부터 나라를 지키기 위해 자원병으로 입대하는 것을 주저하지 않을 것이다. 전에 그대에게 썼듯이, 긴급 시에는 남녀노소와 청소년까지 누구나 도움이 된다. 병약자와 어린이들만 제외된다.
날마다 그리스도의 왕국을 지키기 위해 자원병 모집은 너무 작고, 총동원령이 공고된다. 그리고 왕이신 예수님은 그대를 지목해서 이름을 부르셨다. 그분은 그대가 하느님의 전장에서 그대 영혼의 가장 높은 것들, 곧 그대 마음과 의지와 이성과 존재 전부를 바쳐 싸우기를 요청하신다.
잘 들어라. 그대의 육신은 순결한 그대의 삶과 특히 성모님의 보호로 문제가 아니다. 그렇다면 마음이나 의지나 이성이 아프다는 변명으로 모병에서 빠져나오려 할 만큼 겁쟁이가 될 예정인가? 몇 가지 이유를 대고 업무 보조로 남으려 하는가?

주님은 그대를 선봉대의 도구로 삼으시기를 원하신다 ―그대는 이미 그런 도구다―. 그리고 그대가 등을 돌리면 동정을 받을 따름인데, 반역자로서 말이다!

963 시간이 단지 금이라면, 아마 그것을 낭비해도 될 것이다. 하지만 시간은 생명이고, 그대는 목숨이 얼마 남았는지 모른다.

964 주님은 당신을 세 번이나 부인했던 베드로를 한 마디 책망도 없이, 사랑의 눈길로 회심시키셨다.
예수님은 우리가 넘어진 후에도 그런 눈으로 우리를 바라보신다. 우리도 베드로처럼, "주님, 주님께서는 모든 것을 아십니다. 제가 주님을 사랑하는 줄을 주님께서는 알고 계십니다."[116] 라고 말씀드리고 우리의 생활을 고칠 수 있기를 바란다.

965 그들은 권력을 휘두르는 이들 앞에서 사랑이라는 이름으로 온유와 이해로 행동한다고 주장한다.
이 온유와 이해가 악행을 허용하는 그들의 눈치 보기, 그들의 편안함!의 위장이 아니기를 하느님께 기도한다. 만약 그렇다면, 그들의 온유와 이해는 하느님을 거스르는 일에 공모일 뿐일 것이다.

---

116 요한 21,17.

966 한 영혼의 회심을 돕는 대가로 다른 많은 영혼의 타락을 가능하게 하는 것은 옳지 않다.

967 누가 자기 양들 사이에서 늑대를 기르는 것을 허락한다면, 그의 양들이 어떤 운명을 겪을지 쉽게 상상할 수 있다.

968 머리도 그리스도적 정신도 중간인 사람들이 권위에 오르면, 어리석은 자들에 둘러싸인다. 그들의 허영심은 이런 식으로 자신들이 결코 지배권을 잃지 않을 것이라고 착각하게 만든다.
반면에 신중한 사람들은 지식에 깨끗한 삶을 더하는 학식 있는 사람들에게 둘러싸이고 그들을 통솔자로 만든다. 그들은 자신의 겸손에 속는 것이 아니다. 다른 사람을 높여줌으로써 스스로가 높아지기 때문이다.

969 입증되지 않은 사람을 중요한 지도 임무에 올려놓고 그 결과를 보는 것은 현명하지 못하다. 공동선을 복권에 내맡길 수 없는 것처럼 말이다!

970 권위의 자리에 있으면서 인간의 호평이나 얻으려고 일한다고? 이 늙어빠진 바보! 우선 하느님의 평가를 염려하고, 이어서 —아주 이차적으로, 그리고 때로는 전혀— 다른 사

람들의 평가를 고려해야 한다. 주님께서는 "누구든지 사람들 앞에서 나를 안다고 증언하면, 나도 하늘에 계신 내 아버지 앞에서 그를 안다고 증언할 것이다. 그러나 누구든지 사람들 앞에서 나를 모른다고 하면, 나도 하늘에 계신 내 아버지 앞에서 그를 모른다고 할 것이다."[117]

971 책임 있는 지위에 있는 그대여, 직무를 수행할 때 명심하라. 한 사람의 업적은 자신을 대체할 수 없는 사람으로 만든 그 사람과 함께 사라진다.

972 좋은 통솔의 기본 규칙: 책임을 분담하는 것 ―그것이 편하기 위해서나 책임회피를 위하는 것이 되지 않도록 하면서 말이다―. 거듭 말하겠다, 책임을 분담하는 것. 하느님과 필요하다면 사람들 앞에서 '책임을 지기' 위해 각자에게 자신의 임무에 대한 책임을 요구하면서 말이다.

973 문제를 해결할 때, 자비를 잊을 정도로 정의를 과장하지 않도록 주의하라.

974 사슬의 힘은 가장 약한 고리를 보면 알 수 있다.

---

117   마태 10,32-33.

975 그대는 아랫사람 누구를 두고도 '쓸모없다'고 하지 말라. 쓸모없는 사람은 바로 그대이다. 그들을 쓸모 있을 만한 곳에 배치하는 방법을 모르기 때문이다.

976 명예에 대한 야망을 물리쳐라. 대신 도구와 의무와 효율을 바라보라. 그러면 직분을 탐내지 않을 것이며, 만일 직분이 주어진다면 그것을 있는 그대로 바라볼 것이다. 영혼들을 섬기기 위한 짐으로 말이다.

977 십자가라는 경멸의 시간에 성모님께서는 아드님과 같은 운명을 겪기로 결심하시고 그의 곁에 계신다. 책임감 있는 그리스도인으로서 행동하는 것이 우리가 사는 환경에서 쉬운 일이 아닐지라도, 두려워하지 말자. 그분께서 우리를 도와주실 것이다.

보속

978 우리 주 예수님께서 원하신다. 그분을 바싹 따라가야 한다. 다른 방법이 없다. 이것이 각 영혼에 성령께서 하시는 작업이다. 유순하라. 하느님께서 그대의 가엾은 육신을 십자가로 만드실 때까지 하느님을 방해하지 말라.

979 사랑이라는 단어가 입술에서 자꾸 나오면서 작은 희생으로 증명되지 않는다면 따분해진다.

980 어느 관점에서 보더라도, 고행은 매우 특별한 중요성을 지닌다.

-인간적인 이유에서 보자면, 자신을 통제할 줄 모르는 사람은 결코 다른 사람에게 긍정적 영향을 미치지 못할 것이며, 주변 환경이 그의 개인 취향을 저격하는 즉시 이에 압도당할 것이다. 그는 무기력한 사람, 필요할 때 어떤 대단한 노력도 할 수 없는 사람이 될 것이다.

-하느님 앞에서 보자면, 이러한 작은 행위로 우리를 위해 모든 것을 주신 분에 대한 사랑과 순종을 보여드리는 것이 합당하지 않겠는가?

981	고행의 정신은 사랑의 표현이라기보다는 그 결과로 솟아난다. 이 작은 시련에서 실패한다면 인정하라. '사랑'에 대한 그대 사랑이 흔들리고 있다.

982	고행하는 영혼들이 그들의 단순함 때문에 이 세상에서조차 좋은 것들을 더 많이 즐긴다는 것을 눈치채지 못했는가?

983	고행 없이는 지상에서 행복이란 없다.

984	고행하기로 결심한다면, 그대의 내적 생활은 향상되고 그대는 훨씬 더 풍부한 열매를 맺을 것이다.

985	우리는 잊지 말아야 한다. 모든 인간 활동에, 그리스도의 십자가를 그들의 삶과 행위에서 높이, 보이도록, 속죄의 의미로 안고 있는 남녀가 있어야 한다. 그 십자가는 평화와 기쁨의 상징, 구속과 인류 일치의 상징, 성부와 성자와 성령, 복된 삼위일체께서 인류에 대해 가지셨고 지금도 가지신 사랑의 상징이다.

986	"신부님, 제 이야기에 웃지 마십시오. 며칠 전 제 어린애 중 하나를 위해 고장 난 장난감을 고쳐주다가, 그 시간의 희생을 자연스럽게 하느님께 봉헌하는 저 자신을 발견했습

니다."
나는 웃지 않는다. 기뻐한다! 바로 그 사랑으로 하느님께서는 우리의 결함을 고쳐주시기 때문이다.

987 　고행하는 사람이 되어라. 그러나 천박하거나 음침하지는 말라. 침착하라, 그러나 소심하지는 말라.

988 　고행이 없는 날은 잃은 날이다. 우리 자신을 버리지 않았고 번제물로 바치지 않았기 때문이다.

989 　그대는 한 번쯤, 한가지라도 그대의 취향이나 변덕을 물리쳐 본 적이 있는가? 보라, 그대에게 이것을 청하는 분은 십자가에 못 박혀 모든 감각과 능력으로 고난을 받으시고 머리에 가시관을 쓰고 계신다…. 그대를 위해서 말이다.

990 　그대는 탁월한 이론가로 비친다. 하지만 무의미하고 사소한 것들에서조차 양보하지 않는다! 나는 그대의 고행 정신을 믿지 않는다!

991 　작은 일에 신경 쓰는 것은 끊임없는 고행을 전제하며, 다른 사람들의 인생을 더 즐겁게 해주는 길이다.

992   "내가 바라는 것은 금욕이 아니라 미덕이다."[118] 야훼는 몇몇 외적 형식으로 자신을 속이는 선택된 백성에게 다른 말로 이렇게 말씀하신다.
그러므로 우리는 하느님과 이웃에 대한 사랑의 증거로써 보속과 고행을 키워야 한다.

993   묵상할 때, 그리스도의 수난은 역사나 경건한 사색의 차가운 틀을 벗어나 끔찍하게, 버겁게, 잔혹하게, 피투성이로… 사랑으로 가득 찬 채 눈앞에 나타난다.
그러면서 죄가 그저 작은 '오타'가 아님을 느낀다. 그것은 십자가에 못 박는 것, 하느님 아들의 손과 발을 망치로 쳐서 찢고, 그의 심장을 터져버리게 하는 것이다.

994   그대가 참으로 속죄하는, 속죄하며 기뻐하는 영혼이 되고 싶다면, 무엇보다도 매일의 기도 시간, 친밀하고 관대하며 긴 기도 시간을 지켜야 한다. 그리고 이를 아무 때나 하지 말고 가능한 한, 정해진 시간에 해야 한다. 이런 작은 것들을 소홀히 하지 말라.
하느님께 드리는 이 매일의 예배에 그대를 묶어라. 그러면 장담하건대 언제나 행복할 것이다.

---

118   호세 6, 6과 마태 9,13; 12,7 참조.

995 　그리스도인은 언제나 십자가에서, 자기 포기에서 승리한다. 하느님의 전능하심이 역사하시도록 허용하기 때문이다.

996 　우여곡절 없이 지나간 그대의 삶을 되돌아볼 때, 그대가 낭비한 시간이 얼마인지, 그리고 그 시간을 어떻게 회복할 수 있는지를 생각하라. 속죄와 더 큰 자기 봉헌으로 말이다.

997 　하느님께 바치지 않아서 쓸모없을 그대 인생의 것들을 생각할 때, 그대는 수전노의 마음을 가져야 한다. 모든 기회를 잡고, 어떤 고통도 낭비하지 않으려고 안달해야 한다. 피조물에게는 늘 고통이 따르기 마련인데, 그것을 낭비하는 것이 어리석음이 아니고 무엇이겠느냐?

998 　그대에게 반대와 반박의 정신이 있는가? 좋다. 자신을 반대하고 반박하는 데에 그것을 발휘하라!

999 　성가족이 잠들어 있을 때, 천사가 요셉에게 나타나 이집트로 달아나라고 한다. 마리아와 요셉은 아기를 데리고 지체 없이 떠난다. 그들은 반항하지 않고, 변명하지 않고, 날이 샐 때까지 기다리지 않는다…. 우리의 성모 마리아와 아버지이시며 주인이신 성요셉에게, 주어진 보속을 바로 사랑하기를 원한다고 말씀드려라.

1000 　이 번호를 쓰는 것은 그대와 내가 웃으며 이 책을 끝내고, 단순함이나 악의에서 <길>의 999항에서 숨은 의미를 찾은 복된 독자들을 안심시키기 위해서다.